城市轨道交通高技能人才培训系列教材

行车故障处理指南

宁波市轨道交通集团有限公司运营分公司 编

西南交通大学出版社
·成 都

图书在版编目（CIP）数据

行车故障处理指南 / 宁波市轨道交通集团有限公司运营分公司编. —成都：西南交通大学出版社，2022.4
ISBN 978-7-5643-8652-8

Ⅰ. ①行… Ⅱ. ①宁… Ⅲ. ①城市铁路 – 铁路车辆 – 故障修复 – 指南 Ⅳ. ①U239.5-62

中国版本图书馆 CIP 数据核字（2022）第 060027 号

Xingche Guzhang Chuli Zhinan
行车故障处理指南

宁波市轨道交通集团有限公司运营分公司　　编

责任编辑	梁志敏
封面设计	何东琳设计工作室
出版发行	西南交通大学出版社 （四川省成都市金牛区二环路北一段 111 号 西南交通大学创新大厦 21 楼）
邮政编码	610031
发行部电话	028-87600564　028-87600533
网址	http://www.xnjdcbs.com
印刷	四川煤田地质制图印刷厂
成品尺寸	185 mm×260 mm
印张	11
字数	258 千
版次	2022 年 4 月第 1 版
印次	2022 年 4 月第 1 次
定价	58.00 元
书号	ISBN 978-7-5643-8652-8

课件咨询电话：028-81435775
图书如有印装质量问题　本社负责退换
版权所有　盗版必究　举报电话：028-87600562

编审委员会

主　任　徐金平
副主任　杨树松　曾海军　燕　玲　赵宁宁　朱立余　马彦波
　　　　　李大伟
委　员　王向阳　易　健　杨柏钟　蒋晓东　蒋　玥　卞　伟
　　　　　陈　敏　林　博　孙晋敏　张　猛　李　伟　鲍　森
　　　　　陈　炜　黄慧建　吴井冰　胡　俊　俞　益　王天天
　　　　　刘亚雄　孙海波　刘二强　吴争展　侯学辉　孙国龙
　　　　　崔道金　杨庆欣　成吉安　陈　洁　朵建华　范浩彪
　　　　　陈冠麟　王红波　金　琦　何海鹏　徐　焜　段　辉
　　　　　范　杰　钱净生　肖静怡　何明通　何泽源　顾嘉铭
　　　　　娄旭华　苏晗翀　郑台勇　何宇峰　刘　兵　闫育阳

前 言

轨道交通行车设备故障对运营服务质量影响较大,如果处置不当还会影响运营安全。如何科学高效地处置行车设备故障是所有轨道交通运营单位共同面临的重大课题。

随着网络化运营时代的临近,宁波轨道交通把提升行车设备故障处置能力列为重点工作,组织了专业技术力量开展《行车故障处理指南》的编制工作。过程中,既深入总结了本公司运营过程中的经验教训,也学习、借鉴了同行先进经验,使其具有较强的实践指导意义。

全书共分为五篇:车辆、通号、供电、机自、工务。每篇对故障处理的描述主要分为:"设备简介"——用图文说明设备工作原理;"故障现象及影响"——透过故障现象对故障部位做出准确判断;"故障处置流程"——按照规范流程正确快速地进行维修处置。本指南基本涵盖了行车的常见故障、典型故障,既是一本实操手册,也可用于日常的培训学习。

在本指南编制过程中,相关生产管理部门、生产中心以及专业工程师付出了巨大努力,做出了重要贡献,在此一并致以诚挚谢意。限于编者水平及实践经验的局限性,书中的不足和疏漏在所难免,恳请广大读者批评指正。

编 者

2021 年 11 月

目录

第一篇　车辆行车故障处理 …………………………………… 1

项目一　牵引系统 …………………………………………… 1
故障一　两个及以上牵引严重故障 ………………………… 2

项目二　受流装置 …………………………………………… 4
故障二　一个及以上受电弓严重故障 ……………………… 5

项目三　制动系统 …………………………………………… 7
故障三　列车不明原因紧急制动 …………………………… 8
故障四　整列车气制动无法缓解 …………………………… 9
故障五　一个及以上制动严重故障 ………………………… 11

项目四　车门系统 …………………………………………… 13
故障六　整列车左（右）侧车门无法打开 ………………… 14
故障七　整列车左（右）侧车门无法关闭 ………………… 15
故障八　一个及以上车门严重故障（报红）……………… 16

项目五　车钩缓冲装置 ……………………………………… 19
故障九　列车不明原因断激活 ……………………………… 20

项目六　控制网络系统 ……………………………………… 21
故障十　HMI 显示器黑屏 …………………………………… 22

第二篇　通号行车故障处理 …………………………………… 24

项目一　【1/2 号线】通号行车故障处理 …………………… 24
故障一　ZC 故障 …………………………………………… 24
故障二　LC 故障 …………………………………………… 27
故障三　DCS 设备故障 ……………………………………… 29
故障四　CBI（计算机联锁）故障 ………………………… 34
故障五　转辙机故障 ………………………………………… 38
故障六　计轴故障 …………………………………………… 42
故障七　车载设备故障 ……………………………………… 48
故障八　ATS 设备故障 ……………………………………… 54

项目二　【3 号线一期及鄞奉城际线】通号行车故障处理 … 58
故障九　移动授权单元（MAU）故障 …………………… 58

  故障十　车载设备故障 ······ 61
  故障十一　转辙机故障 ······ 65
  故障十二　计轴故障 ······ 69
  故障十三　PMI 联锁设备故障 ······ 74
  故障十四　ATS 设备故障 ······ 77
  故障十五　DCS 设备故障 ······ 81
 项目三　【4号线】通号行车故障处理 ······ 89
  故障十六　ZC 故障 ······ 89
  故障十七　DCS 设备故障 ······ 94
  故障十八　EI32-JD 型计算机联锁子系统故障 ······ 97
  故障十九　转辙机故障 ······ 101
  故障二十　计轴故障 ······ 105
  故障二十一　车载信号故障 ······ 110
  故障二十二　ATS 设备故障 ······ 114

第三篇　供电行车故障处理 ······ 119
 故障一　主变电所全所失电 ······ 119
 故障二　直流馈线动作造成接触网供电分区失电 ······ 122
 故障三　电流型框架保护动作造成接触网供电分区失电 ······ 124
 故障四　车站 400 V 失电 ······ 126
 故障五　接触网断线 ······ 129
 故障六　接触网绝缘子绝缘击穿 ······ 131

第四篇　机自行车故障处理 ······ 133
 项目一　站台门专业 ······ 133
  故障一　站台门整侧门不能自动打开 ······ 134
  故障二　站台门整侧门不能自动关闭 ······ 136
  故障三　安全回路中断导致列车无法进站或出站 ······ 137
  故障四　单个门体玻璃龟裂或破碎 ······ 139
 项目二　给排水专业 ······ 141
  故障五　区间消防管爆裂造成区间水淹 ······ 141
 项目三　环控专业 ······ 144
  故障六　轨顶风阀叶片松脱，掉落轨行区 ······ 144
  故障七　射流风机脱落 ······ 145
 项目四　低压供电专业 ······ 147
  故障八　区间照明灯具脱落 ······ 147
 项目五　FAS 专业 ······ 149
  故障九　区间隧道感温光纤（DTS）支架脱落 ······ 149

第五篇　工务行车故障处理 ··· 151
故障一　列车挤岔 ··· 151
故障二　胀轨跑道 ··· 154
故障三　钢轨夹板断裂 ·· 158
故障四　道岔滑床板断裂 ··· 160
故障五　道床变形 ··· 163

第一篇 车辆行车故障处理

项目一 牵引系统

【牵引系统简介】

牵引系统的作用是将接触网输入的 1500 V 直流电由牵引逆变器逆变成频率、电压均可调的三相交流电，驱动牵引电机工作。每辆动车上配置一台牵引逆变器，为 4 台牵引电机提供三相 VVVF（Variable Voltage and Variable Frequency，可变电压、可变频率）电源，同时也起到将电客车动能转化为电能反馈至电网或转化成热能消耗掉的作用。

牵引系统高压部分原理如图 1-1 所示。

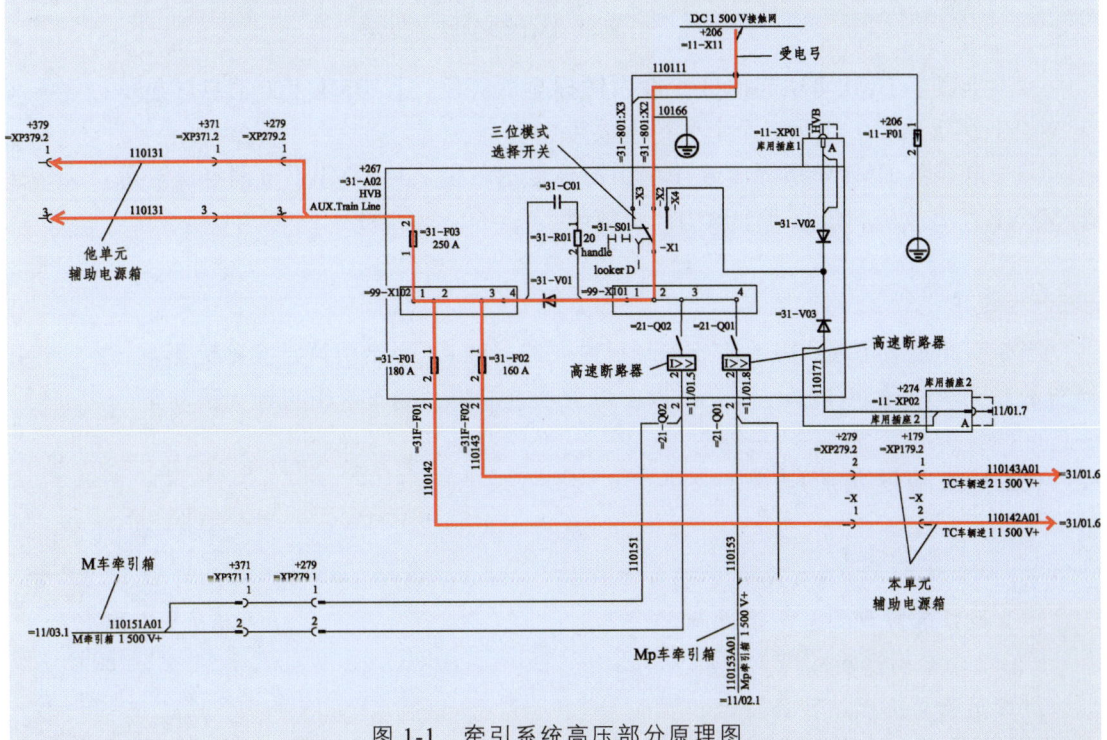

图 1-1 牵引系统高压部分原理图

故障一　两个及以上牵引严重故障

（一）故障现象及影响

1. 故障现象

当系统出现以下故障现象判断为牵引严重故障。

（1）电客车 HMI（Human Machine Interface，人机接口）牵引界面 2 个牵引图标显示红色，且 HMI 下方消息区显示：叉车 VVVF 严重故障，表示 2 个牵引严重故障（见图 1-2）。

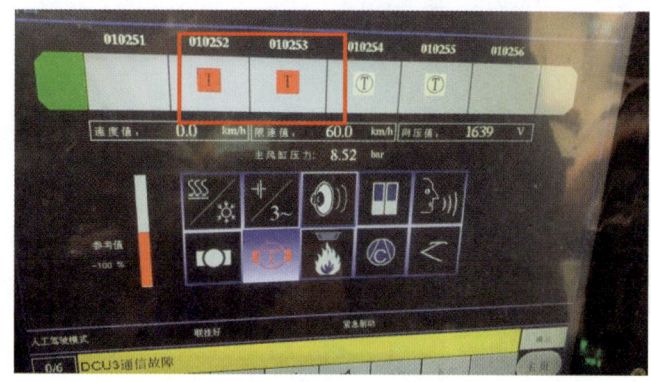

图 1-2　电客车 HMI 牵引界面显示

（2）电客车 HMI 牵引界面 3 个牵引图标显示红色，且 HMI 下方消息区显示：×××车 VVVF 严重故障。表示 3 个牵引严重故障。

（3）电客车 HMI 牵引界面 4 个牵引图标显示红色，且 HMI 下方消息区显示：×××车 VVVF 严重故障，表示 4 个牵引严重故障。

2. 故障影响

当牵引严重故障时，表示该节车牵引逆变器封锁。1 个牵引严重故障无影响；2 个牵引严重故障列车限速 60 km/h；3 个及以上牵引严重故障，列车牵引封锁无法动车。

（二）故障处置流程

1. 乘务处置流程

（1）确认故障现象并汇报行调。

（2）2 个牵引严重故障（报红）：

继续运营至终点站转备。

（3）3 个及以上牵引严重故障（报红）：

① 立即按下司机室继电器柜的 MVB 复位按钮，若复位后两个及以上牵引恢复正常，

则继续运营至终点站转备。

② 若复位无效，则立即分合相应 Mp 车/M 车牵引控制微动开关。若复位后两个及以上牵引恢复正常，则继续运营至终点站转备。

③ 若复位无效，则请求救援。

2. 调度处置流程

（1）行车调度（简称行调）接报司机故障信息，令司机按《电客车故障应急处理指南》进行处理。

（2）4 min 后故障未处置完毕，行调令运维支持员、司机将手持台打至应急组。

（3）如采用旁路、紧急牵引能动车时，行调安排列车在就近车站清客，退出服务。

（4）6 min 后仍无法动车，行调令救援车司机就近车站清客，做好救援准备。

（5）司机申请救援或 8 min 仍无法动车，行调启动救援。

（6）行调进行行车调整，向车站发布列车延误、行车调整信息。

（7）维调通报故障、发布短信。

3. 站务处置流程

（1）车站接行调故障通知后做好乘客解释、广播等乘客服务工作。

（2）车站按行调命令做好列车清客工作。

（3）接到行调恢复正常行车通知后，车站恢复正常行车、客运组织，并加强列车运行监控。

项目二　受流装置

【受电弓简介】

受电弓是车辆的受流部件（见图1-3）。受电弓升起后与接触网接触，从接触网上集取电流，并将电流传送到车辆电气系统。接触网的电流首先由滑板流入受电弓弓头，然后依次经过上框架、下臂杆后流入底架，最后经连接在受电弓底架上的车顶母线导入车辆电气系统。

受电弓通过空气回路控制升、降弓动作。

司机在司机室按下受电弓升弓按钮后，受电弓供风单元内的升弓电磁阀得电动作，向受电弓供压缩空气。压缩空气经过车内的管路、车顶的受电弓绝缘软管，进入受电弓底架上的气阀箱。进入气阀箱的压缩空气依次经过空气过滤阀、单向节流阀、精密调压阀、单向节流阀、安全阀后分为两条支路分别向受电弓的两个升弓气囊供气。压缩空气进入升弓气囊后，气囊膨胀抬升，抬升的气囊带动钢丝绳拉拽下臂杆，使下臂杆转动，从而实现受电弓逐渐升起，直到受电弓弓头与网线接触并保持规定的静态接触压力。此时升弓气囊中的气压稳定在气阀箱内精密调压阀的设定值。受电弓工作时，升弓气囊被持续供以压缩空气，弓头与接触网之间的接触压力保持基本恒定。

司机在司机室按下降弓按钮后，升弓电磁阀失电，向受电弓供应的压缩空气被切断。同时，升弓电磁阀将受电弓气路与大气连通，气囊升弓装置排气，受电弓靠自重下降，直到顶管降下并保持在底架的两个橡胶止挡上。

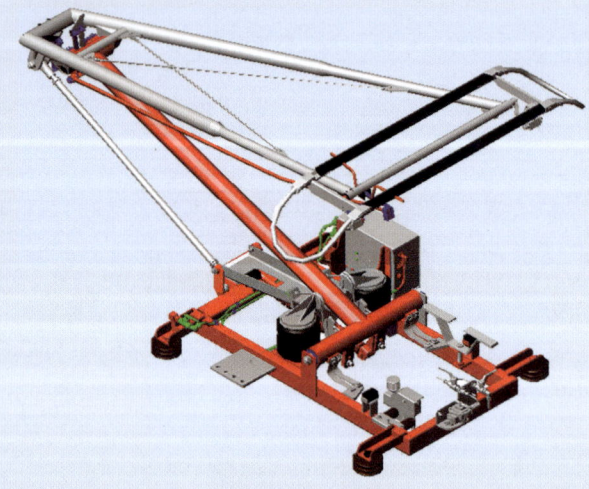

图1-3　受电弓

故障二　一个及以上受电弓严重故障

（一）故障现象及影响

1. 故障现象

（1）列车运行过程中，HMI 受电弓界面一个及以上图标显示红色，且 HMI 下方消息区显示列车一个单元牵引中等故障并显示网压欠压（1 个受电弓报红）（见图 1-4）。

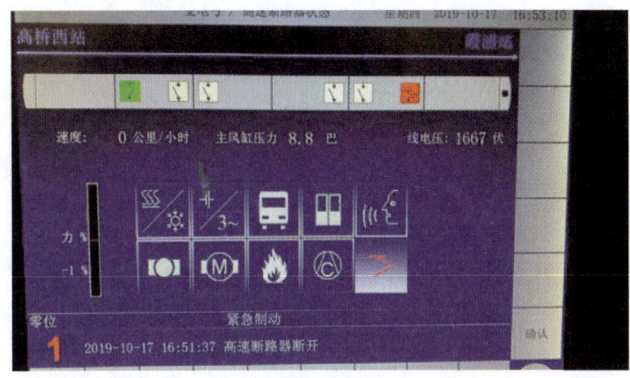

图 1-4　HMI 受电弓界面

（2）列车无法牵引且空调进入紧急通风模式（2 个受电弓报红）。

2. 故障影响

（1）列车受电弓所在单元牵引无法正常工作，列车限速 60 km/h 运行（1 个受电弓报红）。

（2）极端情况下列车无法牵引，牵引、辅逆停止工作，需要救援（2 个受电弓报红）。

（二）故障处置流程

1. 乘务处置流程

（1）确认故障现象并汇报行调。

（2）一个受电弓严重故障：
继续运营至终点站转备。

（3）两个受电弓严重故障：
① 若能动车，则继续运营至终点站转备。
② 若无法动车，则按升弓按钮重新升起受电弓后动车。若恢复动车，则继续运营至终点站转备。
③ 若仍无法动车，则操作允许升弓旁路，按升弓按钮重新升起受电弓后打紧急牵引动车。若恢复动车，则按行调指示清客、退出服务。

④ 若无法升弓，则申请救援。

2. 调度处置流程

（1）行调接报司机故障信息，令司机按《电客车故障应急处理指南》进行处理。

（2）4 min 后故障未处置完毕，行调令运维支持员、司机将手持台打至应急组。

（3）如采用旁路、紧急牵引能动车时，行调安排列车在就近车站清客，退出服务。

（4）6 min 后仍无法动车，行调令救援车司机就近车站清客，做好救援准备。

（5）司机申请救援或 8 min 仍无法动车，行调启动救援。

（6）行调进行行车调整，向车站发布列车延误、行车调整信息。

（7）维调通报故障、发布短信。

3. 站务处置流程

（1）车站接行调故障通知后做好对乘客的解释、广播等工作。

（2）车站按行调命令做好列车清客工作。

（3）接到行调恢复正常行车通知后，车站恢复正常行车、客运组织，并加强列车运行监控。

项目三　制动系统

【制动系统简介】

空气制动系统通过使用 EP（electro-pneumatic，电空转换）阀来实现分布式制动控制网络。在整个系统中，每节 Tc 车有一个网关阀和一个智能阀；每节 Mp 车配有两个智能阀，每节 M 车有 1 个网关阀和 1 个智能阀。每个阀都安装在其控制的转向架附近（每个转向架 1 个阀）。空气制动系统网络拓扑图如图 1-5 所示。

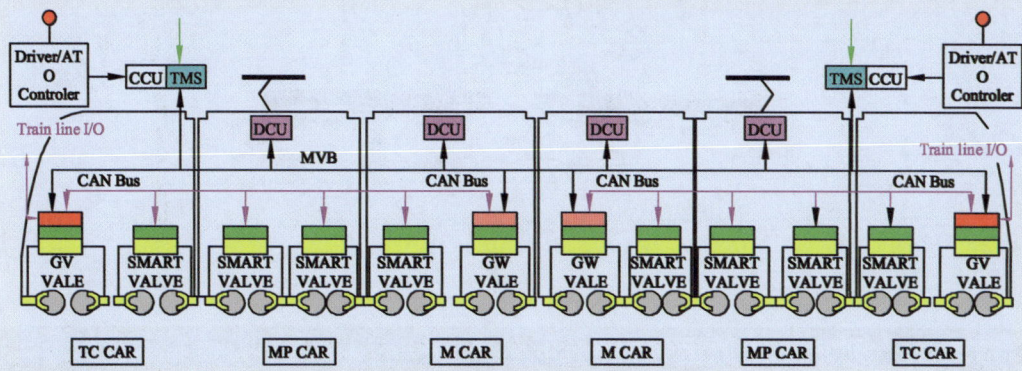

图 1-5　宁波地铁 1 号线跨车 CAN 总线

图中：
- 每列车由 6 辆车组成；
- 3 辆车一个 CAN 总线单元；
- 在 1 个 CAN 总线单元中设置 2 个网关阀（冗余）；
- 在 1 个 CAN 总线单元中设置 4 个智能阀。

空气制动系统主要由 EP 阀、基础制动单元等组成。

1. EP 阀

EP 阀可分为网关阀和智能阀两种。

智能阀提供其控制的转向架的常用制动、紧急制动和车轮滑动保护，通过结合本转向架上的轴速和 CAN 总线上来自其他阀的速度信号来控制车轮滑行，并根据来自 CAN 总线的压力信号调整压力值。

网关阀除了提供智能阀所具有的功能外，还负责配合管理常用制动、保压制动和停车制动的空气制动力，将命令传到与 CAN 总线相连的智能阀，同时，通过集成的 MVB 网络通信卡提供 EP 阀制动控制系统与列车管理系统的接口，一旦 MVB 总线出现故障，一套预先设计好的限制模式能够提供简单、备用的制动功能。

2. 基础制动单元

基础制动装置是空气制动系统制动模式的执行机构，包括常用制动器和带停放的储能制动器。每个转向架的基础制动单元采用斜对称布置，一半带停放制动缸，一半不带停放制动缸。如图 1-6 所示。

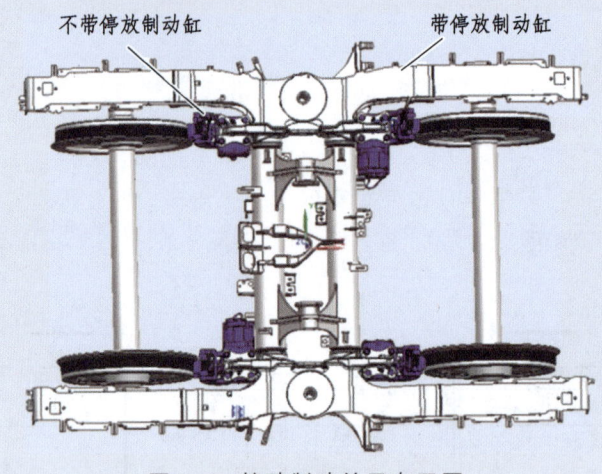

图 1-6　基础制动单元布置图

故障三　列车不明原因紧急制动

（一）故障现象及影响

1. 故障现象

HMI 无故障显示，网压正常，左/右门关好指示灯亮起，停放制动缓解指示灯亮起，所有制动施加指示灯亮起，但紧急制动无法缓解，列车无法动车（见图 1-7）。

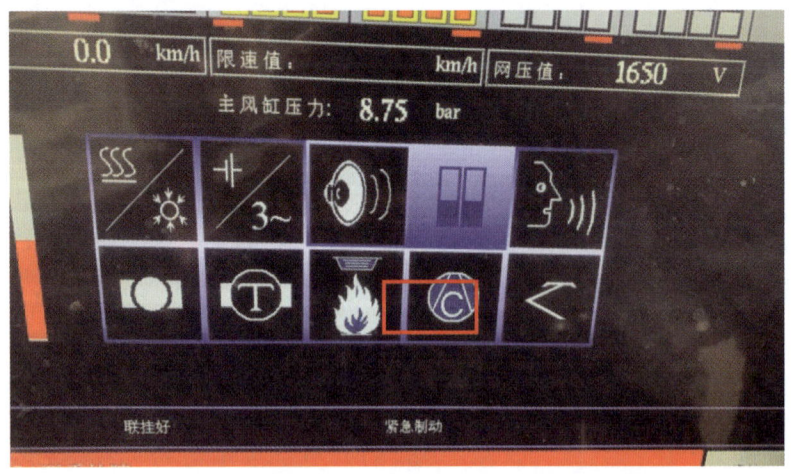

图 1-7　HMI 界面

2. 故障影响

影响列车运营，可能导致列车晚点、清客、退出服务或救援，需按照 OCC 指令调整列车运营。如清客、退出服务或救援，需做好车站人员疏散。

（二）故障处置流程

1. 乘务处置流程

（1）确认故障现象并汇报行调。
（2）打警惕按钮旁路后动车。若恢复动车，则继续运营至终点站转备。
（3）若仍无法动车，则征得行调同意后切除 ATC 后动车；若恢复动车，按行调指示清客、退出服务。
（4）若仍无法动车，则除车钩监视旁路外，将所有旁路打至合位后动车；若恢复动车，按行调指示清客、退出服务。
（5）若仍无法动车，则申请救援。

2. 调度处置流程

（1）行调接报司机故障信息，令司机按《电客车故障应急处理指南》进行处理。
（2）4 min 后故障未处置完毕，行调令运维支持员、司机将手持台至应急组。
（3）如采用旁路、紧急牵引能动车时，行调安排列车在就近车站清客、退出服务。
（4）6 min 后仍无法动车，行调令救援车司机就近车站清客，做好救援准备。
（5）司机申请救援或 8 min 仍无法动车，行调启动救援。
（6）行调进行行车调整，向车站发布列车延误、行车调整信息。
（7）维调通报故障、发布短信。

3. 站务处置流程

（1）车站接行调故障通知后做好乘客解释、广播等乘客服务工作。
（2）车站按行调命令做好列车清客工作。
（3）接到行调恢复正常行车通知后，车站恢复正常行车、客运组织，并加强列车运行监控。

故障四　整列车气制动无法缓解

（一）故障现象及影响

1. 故障现象

整列车气制动无法缓解，列车无法动车（见图 1-8）。

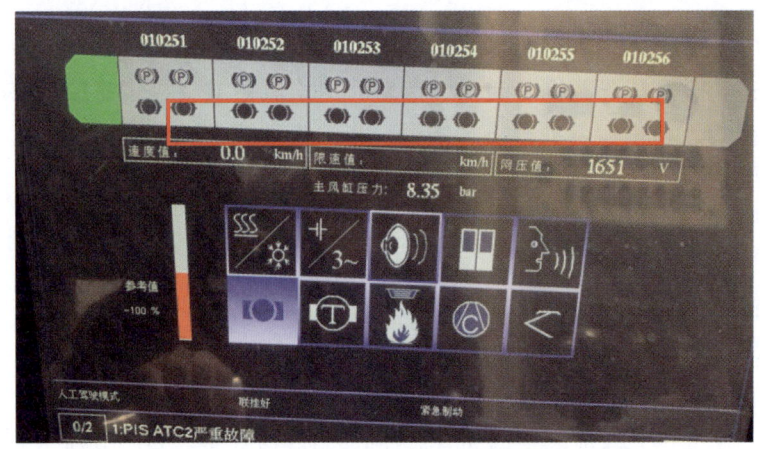

图 1-8　HMI 界面

2. 故障影响

气制动无法缓解，列车无法牵引，则可能导致列车清客、退出服务或救援，需按照 OCC（Operation Control Center，运行控制中心）指令调整列车运营。如清客、退出服务或救援，需做好车站人员疏散。

（二）故障处置流程

1. 乘务处置流程

（1）确认故障现象并汇报行调。

（2）将牵引手柄推至 100%牵引位，查看 HMI 制动图标状态，若有制动图标显示未缓解，则切除相应转向架 B05 后动车。如 B05 切除数量≤2，则继续运营至终点站转备；否则按行调指示清客、退出服务。

（3）若仍无法动车，则打所有制动缓解旁路、停放制动缓解旁路、紧急牵引后动车，按行调指示清客、退出服务。

（4）若仍无法动车，请求救援。

2. 调度处置流程

（1）行调接报司机故障信息，令司机按《电客车故障应急处理指南》进行处理。

（2）4 min 后故障未处置完毕，行调令运维支持员、司机将手持台打至应急组。

（3）如采用旁路、紧急牵引能动车时，行调安排列车在就近车站清客、退出服务。

（4）6 min 后仍无法动车，行调令救援车司机就近车站清客，做好救援准备。

（5）司机申请救援或 8 min 仍无法动车，行调启动救援。

（6）行调进行行车调整，向车站发布列车延误、行车调整信息。

（7）维调通报故障、发布短信。

3. 站务处置流程

（1）车站接行调故障通知后做好乘客解释、广播等乘客服务工作。
（2）车站按行调命令做好列车清客工作。
（3）接到行调恢复正常行车通知后，车站恢复正常行车、客运组织，并加强列车运行监控。

故障五　一个及以上制动严重故障

（一）故障现象及影响

1. 故障现象

HMI制动界面一个及以上制动图标显红，制动严重故障（见图1-9）。

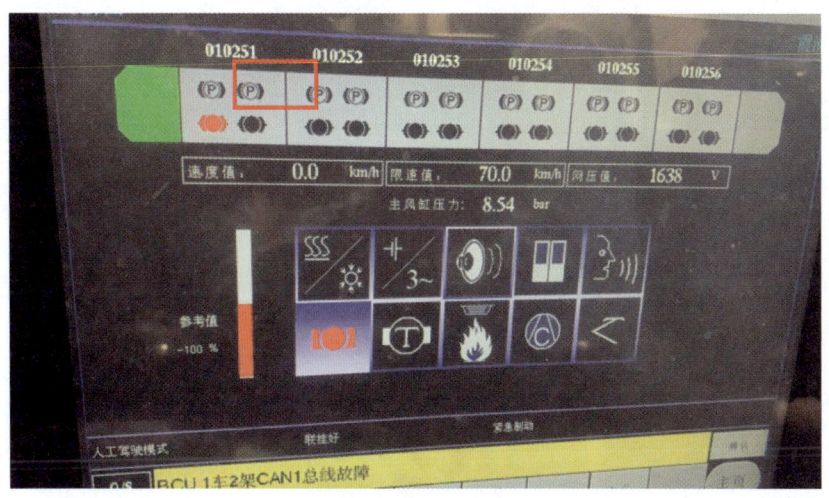

图1-9　HMI界面

2. 故障影响

会导致列车晚点、清客、退出服务。切除1个B05限速70 km/h，切除2个B05限速60 km/h，切除3个B05限速45 km/h，切除4个B05牵引封锁。

（二）故障处置流程

1. 乘务处置流程

（1）确认故障现象并汇报行调。
（2）若能动车，则继续运营至终点站转备。
（3）若无法动车，则切除相应转向架的B05动车。如B05切除数量少于等于2个，则继续运营至终点站转备；否则按行调指示清客、退出服务。（切除 1 个 B05 限速 70 km/h，切除 2 个 B05 限速 60 km/h，切除 3 个 B05 限速 45 km/h，切除 4 个 B05 牵引封锁。）

2. 调度处置流程

（1）行调接报司机故障信息，令司机按《电客车故障应急处理指南》进行处理。
（2）4 min 后故障未处置完毕，行调令运维支持员、司机将手持台打至应急组。
（3）如采用旁路、紧急牵引能动车时，行调安排列车在就近车站清客、退出服务。
（4）6 min 后仍无法动车，行调令救援车司机就近车站清客，做好救援准备。
（5）司机申请救援或 8 min 仍无法动车，行调启动救援。
（6）行调进行行车调整，向车站发布列车延误、行车调整信息。
（7）维调通报故障、发布短信。

3. 站务处置流程

（1）车站接行调故障通知后做好乘客解释、广播等乘客服务工作。
（2）车站按行调命令做好列车清客工作。
（3）接到行调恢复正常行车通知后，车站恢复正常行车、客运组织，并加强列车运行监控。

项目四 车门系统

【车门系统简介】

宁波地铁电客车客室车门采用电动双开塞拉门，每节车有8个车门，每个车门配有两个电动塞拉门页。塞拉门主要由电子门控器（EDCU）、车门驱动单元、门页、紧急解锁装置、切除装置、导柱、托架组件、车门导轨、车门门槛及嵌块等组成。

电动双开塞拉门具有以下特点：

（1）采用自润滑的丝杆/螺母传动方式，具有阻力小、无噪声和维护工作量小的特点。

（2）每个车门均采用独立的EDCU门控单元控制，减少了由于中间继电器引起的故障。

（3）每节车1、2号门采用MDCU（主门控器）进行控制，MDCU通过MVB总线与VCM（列车控制单元）进行通信，并通过CAN网络与3、4、5、6、7、8号门的LDCU（从门控器）进行通信并完成故障信息的储存。

（4）具有障碍物探测功能，防止夹人夹物行车。

车门系统的组成如图1-10所示。

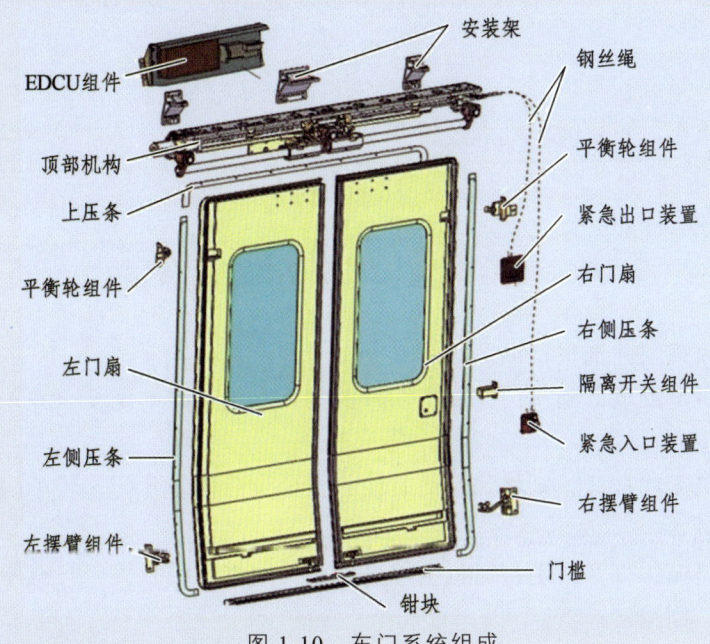

图1-10 车门系统组成

故障六 整列车左（右）侧车门无法打开

（一）故障现象及影响

1. 故障现象

列车停站后整侧车门无法正常打开且 HMI 显示所有车门为关好状态（见图 1-11）。

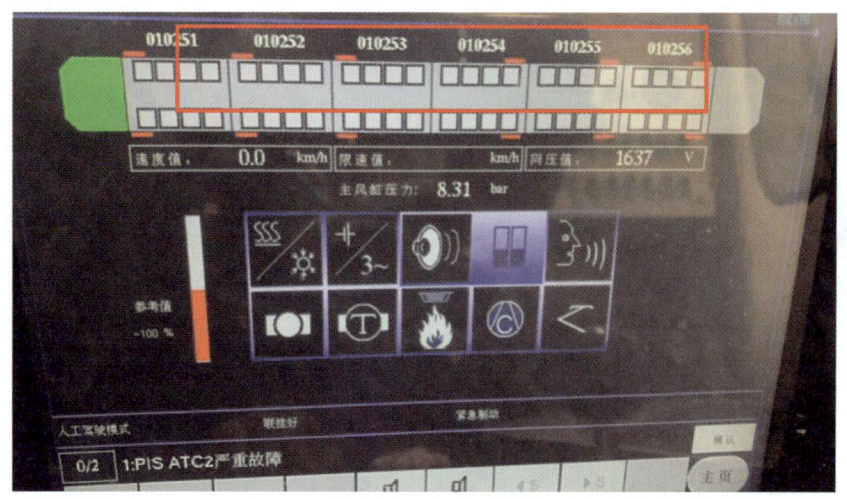

图 1-11 HMI 界面

2. 故障影响

乘客无法上下车，可能导致晚点、清客、退出服务。

（二）故障处置流程

1. 乘务处置流程

（1）确认故障现象并汇报行调。

（2）检查司机室继电器柜车门控制微动开关是否跳闸，跳闸则复位并重新开门。若车门打开，则继续运营。

（3）若车门仍无法打开，则将强开门旋钮打至合位后重新开门。若车门打开，则运营至终点站退出服务。

（4）若车门仍无法打开，则将司机室继电器柜的网络硬线开关门打至硬线位后重新开门。若车门打开，则继续运营。

（5）若车门仍无法打开，则将强开门旋钮及门零速旁路旋钮同时打至合位后重新开门。若车门打开，按行调指示清客、退出服务。

（6）若车门仍无法打开，则操作司机台上的开门按钮开门。若车门打开，则继续运营。

（7）若车门仍无法打开，则操作客室紧急解锁开门，按行调指示清客退出服务。

2. 调度处置流程

（1）行调接报司机故障信息，令司机按《电客车故障应急处理指南》进行处理。
（2）若司机处理无效，本站清客、退出服务。
（3）行调进行行车调整，向车站发布列车延误、行车调整信息。
（4）维调通报故障、发布短信。

3. 站务处置流程

（1）车站接到故障汇报后及时报行调。
（2）做好乘客解释、广播等乘客服务工作。
（3）车站按行调命令做好列车清客工作并做好站台乘客的引导工作。
（4）接到行调恢复正常行车通知后，车站恢复正常行车、客运组织，并加强列车运行监控。

故障七　整列车左（右）侧车门无法关闭

（一）故障现象及影响

1. 故障现象

按压关门按钮后整侧车门无法正常关闭且HMI显示所有车门为打开状态（图1-12）。

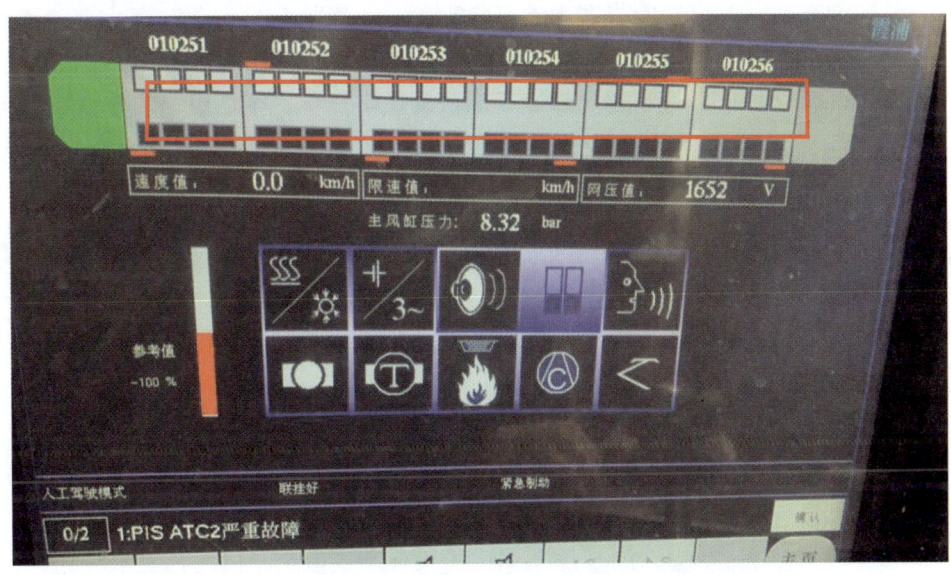

图1-12　HMI界面

2. 故障影响

车门不关闭列车无法牵引，可能导致晚点、清客、退出服务。

（二）故障处置流程

1. 乘务处置流程

（1）确认故障现象并汇报行调。
（2）重新按压关门按钮，若车门关好则继续运营。
（3）若车门仍无法关闭，则尝试司机台关门按钮关门。若车门关好，则继续运营。
（4）若车门仍无法关闭，则将网络硬线开关门打至硬线位后尝试关门。若车门关好，则继续运营。
（5）若车门仍无法关闭，则打门关好旁路，按行调指示清客、退出服务。

2. 调度处置流程

（1）行调接报司机故障信息，令司机按《电客车故障应急处理指南》进行处理。
（2）若司机处理无效，打门关好旁路，本站清客、退出服务。
（3）行调进行行车调整，向车站发布列车延误、行车调整信息。
（4）维调通报故障、发布短信。

3. 站务处置流程

（1）车站接到故障汇报后及时报行调。
（2）做好乘客解释、广播等乘客服务工作。
（3）车站按行调命令做好列车清客工作，并做好站台乘客的引导工作。
（4）接到行调恢复正常行车通知后，车站恢复正常行车、客运组织，并加强列车运行监控。

故障八　一个及以上车门严重故障（报红）

（一）故障现象及影响

1. 故障现象

（1）列车停靠站台，在开关门作业过程中，HMI屏幕车门界面（见图1-13）一个或多个车门图标显示红色，且HMI下方消息显示区：×××车××门严重故障。
（2）列车区间运行过程中，HMI屏幕车门界面一个或多个车门图标显示红色，且HMI下方消息显示区：×××车××门严重故障。

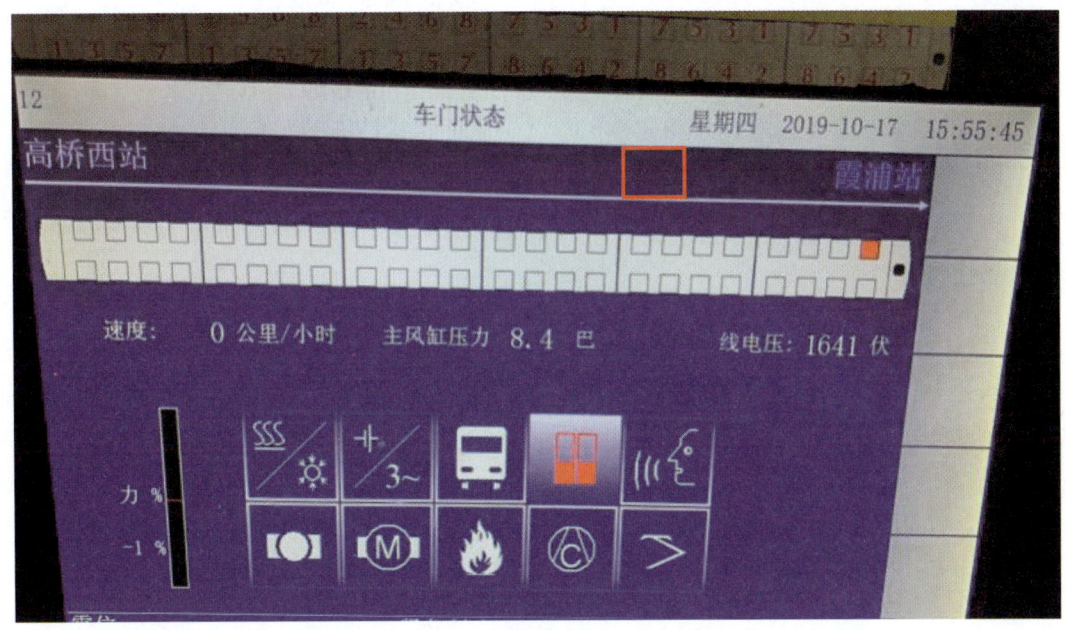

图 1-13　HMI 车门界面

2. 故障影响

可能导致区间紧急制动、列车无法动车，导致晚点。

（二）故障处置流程

1. 乘务处置流程

（1）确认故障现象并汇报行调。

（2）一节车同一侧 2 个及以下车门故障，且重开关门后故障未恢复，则切除故障车门，继续运营。

（3）一节车同一侧 3 个及以上车门故障，且重开关门后故障未恢复，则切除故障车门，运营至终点站退出服务。

（4）若故障车门无法电动关门（操作紧急解锁），且手动也无法关闭，则打门关好旁路，按行调指示清客、退出服务。

2. 调度处置流程

（1）行调接报司机故障信息，令司机按《电客车故障应急处理指南》进行处理。

（2）接司机车门切除报告后，通知运行前方 3 个车站：×××车××门切除，做好乘客服务。

（3）若司机处理无效，打门关好旁路，本站清客、退出服务。

（4）行调进行行车调整，向车站发布列车延误、行车调整信息。

（5）维调通报故障、发布短信。

3. 站务处置流程

（1）车站接行调故障通知后做好乘客解释、广播等乘客服务工作。

（2）相关车站接行调通知在相应故障车门上张贴"此门故障"标贴。

（3）车站按行调命令做好列车清客工作。

（4）接到行调恢复正常行车通知后，车站恢复正常行车、客运组织，并加强列车运行监控。

项目五　车钩缓冲装置

【车钩简介】

宁波轨道交通电客车车钩共分三种类型，分别是全自动车钩、半永久车钩和半自动车钩。不同方式的车钩都由机械连接、电气连接、气路连接三大部分组成，上部为机械连接部分，下部为气管路连接和电气箱连接。列车的连接方式为

$$+Tc*Mp*M=M*Mp*Tc+$$

式中　+ —— 全自动车钩；

　　　= —— 半自动车钩；

　　　* —— 半永久车钩。

车钩缓冲装置的作用是连接车辆，使得单节的车辆能连挂成一列编组列车且彼此之间保持一定的距离，传递动车牵引力、缓和车辆之间的纵向力和冲击力。此外，车钩缓冲装置还可以实现车辆间的电路和气路连接（见图1-14）。

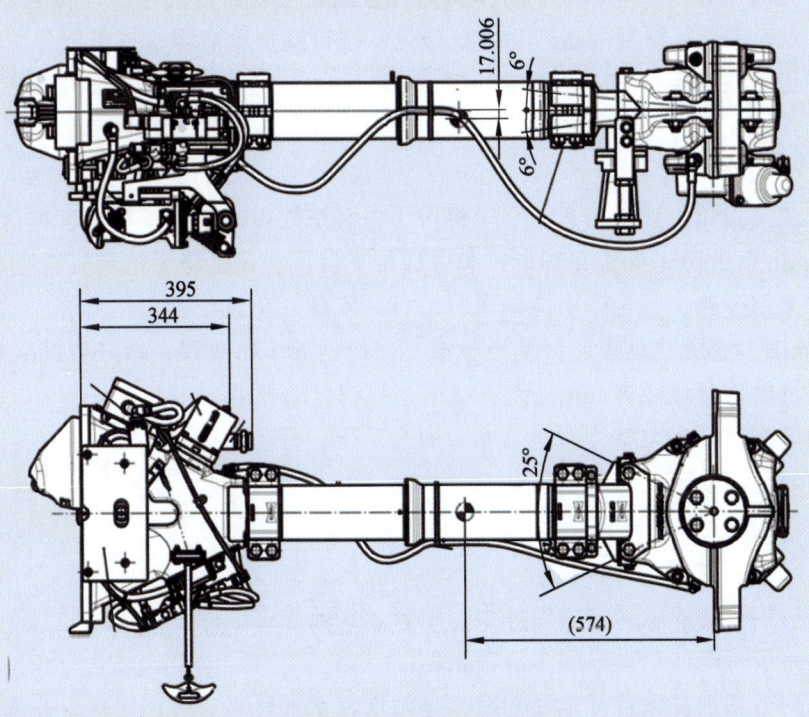

图1-14　车钩缓冲装置

故障九　列车不明原因断激活

（一）故障现象及影响

1. 故障现象

列车运行过程中不明原因断激活，列车紧急制动，HMI、DMI 黑屏，客室照明熄灭。

2. 故障影响

（1）列车断激活，客室无照明，可能导致乘客恐慌。
（2）如列车无法再次激活，则需要列车救援。

（二）故障处置流程

1. 乘务处置流程

（1）确认故障现象并汇报行调。
（2）尝试重新激活列车，若成功则升弓、合高速断路器、就近清客、退出服务。
（3）若无法重新激活列车，则打车钩监视旁路后重新激活列车，并将电客车前进方向单元的 M、Mp 车牵引控制微动开关打至分位，按行调指示清客、退出服务。
（4）若仍无法激活列车，则请求救援。

2. 调度处置流程

（1）行调接报司机故障信息，令司机按《电客车故障应急处理指南》进行处理。
（2）4 min 后故障未处置完毕，行调令运维支持员、司机将手持台打至应急组。
（3）如采用旁路、紧急牵引能动车时，行调安排列车在就近车站清客，退出服务。
（4）6 min 后仍无法动车，行调令救援车司机就近车站清客，做好救援准备。
（5）司机申请救援或 8 min 仍无法动车，行调启动救援。
（6）行调进行行车调整，向车站发布列车延误、行车调整信息。
（7）维调通报故障、发布短信。

3. 站务处置流程

（1）车站接行调故障通知后做好乘客解释、广播等乘客服务工作。
（2）车站按行调命令做好列车清客工作。
（3）接到行调恢复正常行车通知后，车站恢复正常行车、客运组织，并加强列车运行监控。
（4）有乘客受伤时按《非职工伤亡事件处置管理办法》流程及时进行救治。

项目六　控制网络系统

【控制网络简介】

列车控制和管理系统（Train Control and Management System，TCMS）是负责处理和分配列车运行中各种内外数据的系统。

1. TCMS 的主要功能

（1）车辆控制（关键功能和非关键功能）。

（2）车载设备监控。

（3）车辆诊断和运行车辆管理。

（4）数据网络管理和其他辅助功能。

2. TCMS 的通信方式

TCMS 采用 MVB 通信方式，通过 MVB 网络连接了以下各子单元控制系统：车辆控制单元（VCU）、制动控制单元（BCU）、输入/输出单元（SKS）、空调控制单元（HVAC）、车门控制单元（EDCU）、自动列车控制（ATC）、旅客信息系统（PIS）、人机交互界面（HMI）、牵引控制单元（TCU）、辅助逆变器控制单元（APS）。

3. 网络拓扑图

列车的网络拓扑图如图 1-15 所示。

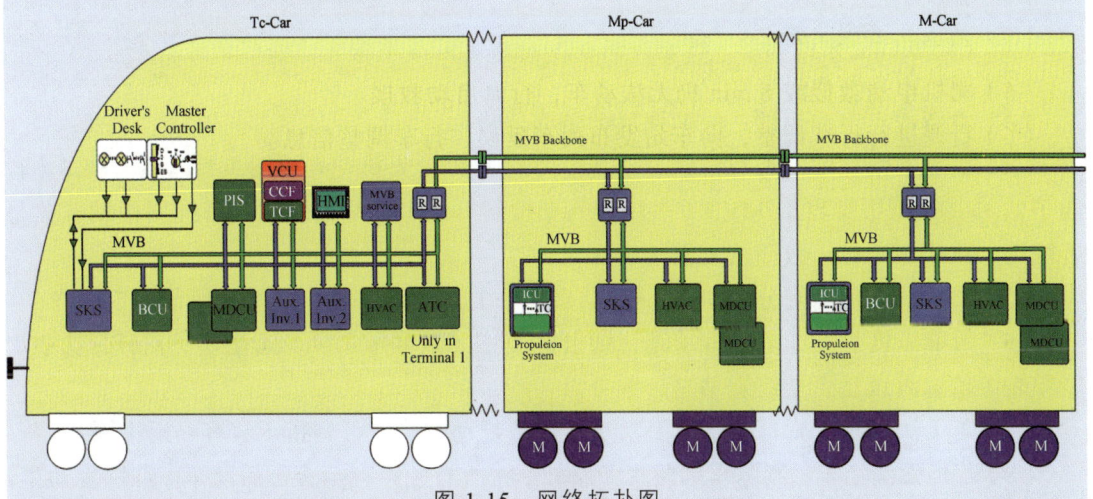

图 1-15　网络拓扑图

故障十　HMI 显示器黑屏

（一）故障现象及影响

1. 故障现象

司机台占有后 HMI 显示器黑屏（见图 1-16）。

图 1-16　HMI 黑屏

2. 故障影响

司机无法通过 HMI 查看车辆状态。

（二）故障处置流程

1. 乘务处置流程

（1）确认故障现象并汇报行调。

（2）确认另一端司机室未占用。

（3）重新占有主控钥匙，故障恢复则继续运营。

（4）故障未恢复则检查司机室继电器柜内的 HMI（人机交互界面）显示器、SKS（智能子站）/REP（中继器）/MVB（多功能列车控制总线）网络模块、列车控制微动开关是否跳闸，跳闸则复位。故障恢复则继续运营。

（5）故障未恢复，则分合 HMI 显示器微动开关。故障恢复，则继续运营。

（6）故障未恢复，如能正常动车，则根据 DMI（信号屏）屏、速度表、双针压力表、网压表等信息继续运营至终点站退出服务。

（7）若无法动车，则打紧急牵引动车。若恢复动车，按行调指示清客、退出服务。

（8）若仍无法动车，则除车钩监视旁路外，将所有旁路打至合位后动车。若恢复动车，按行调指示清客、退出服务。

（9）若仍无法动车，则申请救援。

2. 调度处置流程

（1）行调接报司机故障信息，令司机按《电客车故障应急处理指南》进行处理。

（2）4 min后故障未处置完毕，行调令运维支持员、司机将手持台打至应急组。

（3）列车能动车，运行至终点站退出服务。如采用旁路、紧急牵引能动车时，行调安排列车在就近车站清客，退出服务。

（4）6 min后仍无法动车，行调令救援车司机就近车站清客，做好救援准备。

（5）司机申请救援或8 min仍无法动车，行调启动救援。

（6）行调进行行车调整，向车站发布列车延误、行车调整信息。

（7）维调通报故障、发布短信。

3. 站务处置流程

（1）车站接行调故障通知后做好乘客解释、广播等乘客服务工作。

（2）车站按行调命令做好列车清客工作。

（3）接到行调恢复正常行车通知后，车站恢复正常行车、客运组织，并加强列车运行监控。

第二篇 通号行车故障处理

项目一 【1/2 号线】通号行车故障处理

信号系统影响行车类故障的处置原则：坚持"先通后复""先救人、后救物；先全面、后局部"的原则。

故障一 ZC 故障

（一）ZC 简介

ZC（Zone Controller，区域控制器）是基于 CBTC 的信号系统的核心组成部分，属于地面设备的一部分（见图 2-1）。它将一条线路分为若干个控制区域，每个控制区域由一个区域控制器负责。ZC 采用 3 取 2 冗余结构配置，主要功能是处理线路占用、自动防护和进路等信息，根据 CC 设备发送的列车精确位置信息，ZC 设备为列车计算保护区域，并通过车-地无线通信向 ZC 内每列车发送移动授权（Movement Authority，MA）告知列车允许前进的最远距离。

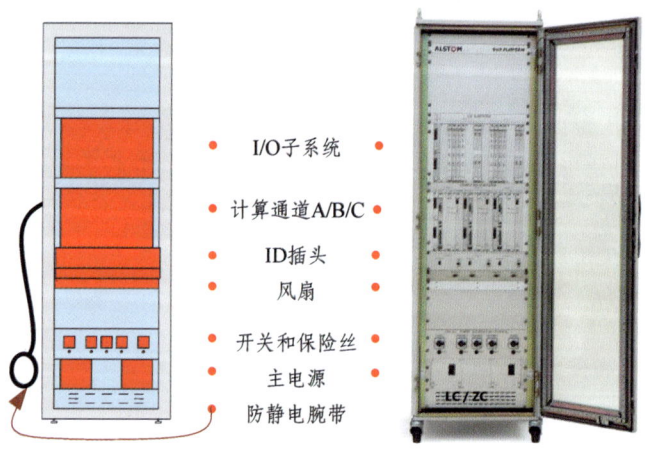

图 2-1 ZC 结构

(二)故障现象及影响

1. 当系统出现以下故障现象时可以判断为 ZC 故障

(1) 该区域内的所有 CBTC 模式列车触发紧急制动,接近此区域的列车以常用制动或紧急制动停车,故障区域内的所有列车 CBTC-ATPM 和 CBTC-ATO 不可用。

(2) 微机监测上报 ZC 设备故障。

(3) 中央 MMI 及大屏上相应 ZC 指示灯亮红灯,同时该 ZC 控制区域范围内的列车光带占用由"红光带"变为"粉红光带",信号机模式采用点灯模式,MMI 有弹出式报警框并带有语音提示,该区段内 CBTC 模式运行的列车将触发紧急制动。

(4) 调度员工作站报××站 ZC 故障,同时报"Train Out of AP"(见图 2-2),并有如图 2-3 所示的弹窗告警。若微机监测终端报 ZC 风扇故障告警,通号人员提前通知调度。

图 2-2 MMI 上的弹窗告警

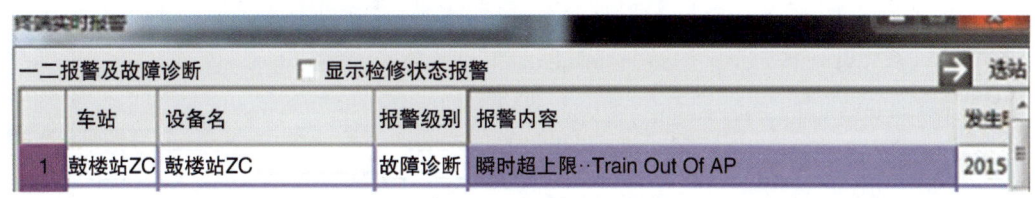

图 2-3 告警显示

2. 故障影响

ZC 故障造成该 ZC 区域内和 ZC 边界处的所有 CBTC 模式失效,CBTC 运行模式下的列车将触发紧急制动(以下简称紧制),需组织相关人员进行抢修。

注意:BM-RM 模式下,列车头部通过信号机的速度不超过 12 km/h,避免 BM 模式升级失败;在站台的列车进行 BM 模式转换应在门关好之后。

(三)故障处置流程

1. 调度处置流程

(1) 行调在接到司机报告列车紧制或中央大屏及 MMI 发现故障后,确认报警信息和故障现象。

(2) 令故障区段内列车转强制 BM 模式运行(区间紧制列车转强制 BM-RM 模式运行至前方站)。

（3）令列车以强制 BM 模式运行至正常 ZC 控制区域的第一站时恢复至 CBTC 模式运行。

（4）CBTC 模式列车需在进入故障 ZC 区域前的一个车站（即正常 ZC 区域的最后一个车站）将列车模式转换至强制 BM 模式运行。

（5）令在区间紧急制动的列车确认前方进路安全后，转强制 BM-RM 模式动车运行至下一站，如在区间运行中能收到速度码，转为 BM-ATO 或 BM-ATPM 模式运行至下一站后报行调。

（6）进行行车调整，向车站发布列车延误、行车调整信息。

（7）维调发布抢修令、短信。

2．乘务处置流程

（1）若列车在站台，按行调指令转强制 BM 模式。

（2）若列车在区间紧急制动，按行调指令，转强制 BM-RM 模式动车，收到速度码后转 BM-ATO 或 BM-ATPM 模式运行。

（3）CBTC 模式列车需在进入故障 ZC 区域前的一个车站（即正常 ZC 区域的最后一个车站）按行调指令，将列车模式转换至强制 BM 模式运行。

（4）凭地面信号显示行车，按行调指令恢复 CBTC 模式运行。

3．站务处置流程

（1）故障区域车站发现故障后及时汇报 OCC。

（2）做好乘客解释、广播等乘客服务工作。

（3）配合做好各专业抢修工作，按行调指令处置。

（4）车站做好站台乘客引导和安全防护工作。

（5）接到行调恢复正常行车通知后，车站恢复正常行车、客运组织，并加强列车运行监控。

4．通号处置流程

（1）查看车控室 HMI、ATS 维护台，若 ZC 灯位显示红灯，若 REDMAN 面板上无 3oo3 或 2oo3 显示，则判断为 ZC 两个或两个以上通道故障。

处理：运营期间重启 ZC 前告知行调，重启恢复则运营结束后进行排查；若重启后故障仍未恢复，下载相关数据，确认故障板卡并进行更换。

（2）查看车控室 HMI、ATS 维护台，若 ZC 灯位显示绿灯，且 REDMAN 面板上有 3oo3 显示，则判断为 ZC 软件异常。

处理：运营期间重启 ZC 前告知行调，重启恢复则运营结束后进行排查；若重启后故障仍未恢复，则使用备用 U 盘更换当前在用 U 盘并再次重启。

（3）查看 MSS 告警及风扇运行情况，确认 ZC 风扇故障。

处理：更换风扇，运营期间重启 ZC 前告知行调。

（4）微机监测终端报"Train Out of Ap"，则判断为当前列车与 ZC 区域冲突。

处理：运营期间重启 ZC 前告知行调，在运营结束后进行排查。

（5）若运营期间不重启设备，做好现场保障工作。

注意：ZC 各板卡更换均不能热插拔，对 ZC 进行操作时需佩戴静电手环。

故障二　LC 故障

（一）LC 简介

LC（Line Controller，线路控制器）（见图 2-4）控制 ZC 和 CC 的应用软件和配置数据版本的校核，并在通信过程中向 ZC 和 CC 提供内部同步时钟。其主要功能包括：管理线路的 TSR（临时限速）；更新 ATS 发送的 TSR 信息；负责存储。

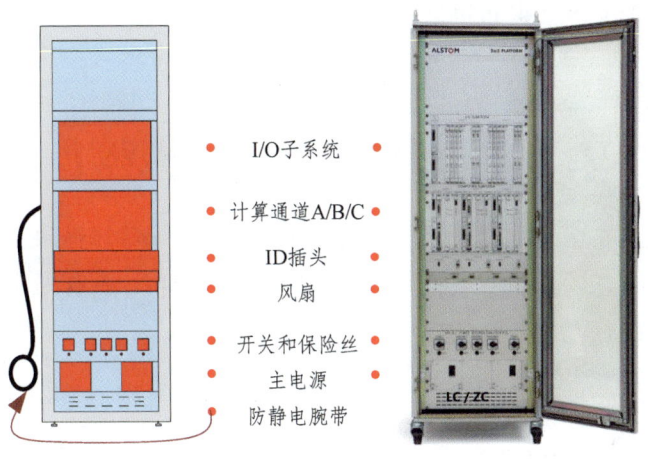

图 2-4　LC 结构

（二）故障现象及影响

1. 当系统出现以下故障现象时可以判断为 LC 故障

（1）全线所有 CBTC 模式列车触发紧急制动，CBTC-ATPM 和 CBTC-ATO 不可用。

（2）微机监测终端、HMI 终端、MMI 终端、ATS 维护台上出现 LC 设备故障报警，LC 灯位显红。

2. 故障影响

LC 故障会造成全线 CBTC 模式失效。线路上所有的 CBTC TSR 将被清除，已设置 BM TSR 的区段始端信号机将会关闭，调度员无法管理临时限速 TSR，需组织相关人员进行抢修。

注意：BM-RM 模式下，列车头部通过信号机的速度不超过 12 km/h，避免 BM 模式升级失败；在站台的列车进行 BM 模式转换应在车门关好之后。

（三）故障处理流程

1. 调度处置流程

（1）行调在 MMI 或中央大屏发现 LC 指示灯亮红灯，令全线列车尽快在就近车站转强制 BM 模式运行，如产生紧急制动，令司机转强制 BM-RM 模式动车，收到速度码转为 BM-ATO 或 BM-ATPM 模式运行。

（2）如故障发生在列车出场前，通知司机以强制 BM 模式出场，正线列车运营均以 BM 模式运行。

（3）LC 故障恢复后，先根据之前限速记录设置区段限速，再取消全线初始限速。

（4）进行行车调整，向车站发布列车延误、行车调整信息。

（5）维调发布抢修令、发布短信。

2. 乘务处置流程

（1）如故障发生在列车出场前，按行调通知司机以强制 BM 模式出场，正线列车均以 BM 模式运行。

（2）如故障发生在运营时段内，接行调通知在本站或下站转强制 BM 模式运行。

（3）如区间紧制，按行调指令转强制 BM-RM 模式动车，若收到速度码后转 BM-ATO 或 BM-ATPM 模式运行。

3. 站务处置流程

（1）故障区域车站发现故障后及时汇报 OCC。

（2）做好乘客解释、广播等乘客服务工作。

（3）配合做好各专业抢修工作，按行调指令处置。

（4）车站做好站台乘客引导和安全防护工作。

（5）接到行调恢复正常行车通知后，车站恢复正常行车、客运组织，并加强列车运行监控。

4. 通号处置流程

（1）查看车控室 HMI、ATS 维护台，若 LC 灯位显示红灯，且 REDMAN 面板上无 3003 或 2003 显示，则判断为 LC 两个或两个以上通道故障。

处理：重启 LC 及 ZC 前告知行调，重启恢复则运营结束后进行排查；若重启后故障仍未恢复，下载相关数据，确认故障板卡并进行更换。

（2）查看车控室 HMI、ATS 维护台，若 LC 灯位显示绿灯，且 REDMAN 面板上有 3003

显示，则判断为 LC 软件异常。

处理：重启 LC 及 ZC 前告知行调，重启恢复则运营结束后进行排查；若重启后故障仍未恢复，使用备用 U 盘更换当前在用 U 盘并再次重启。

（3）查看 LC 风扇，确认风扇故障。

处理：更换风扇，重启 LC 及 ZC 前告知行调，运营结束后进行排查。

（4）若运营期间不重启设备，做好现场保障工作。

注意：重启 LC 后必须重启 ZC，LC 各板卡更换均不能热插拔，对 LC 操作需佩戴静电手环。

故障三　DCS 设备故障

（一）DCS 设备简介

数据通信系统管理所有的通信连接，由有线网络（包括骨干网和接入网两部分）、无线网络（包括轨旁无线网络和车载无线网络）、网管系统（包括 NMS SDH 网管和 NMS IP 网管）三部分组成。

1. 有线网络骨干网络

骨干网络采用基于 SDH 技术的多业务网络解决方案，线路沿线各设备集中站均配置 SDH 节点，各 SDH 节点通过骨干网光缆连接为环状拓扑结构。骨干网上的主要设备包括 OSN 2500 SDH 节点、OSN 1500 SDH 节点。以宁波市轨道交通 2 号线一期骨干网（见图 2-5）为例，其车站骨干网结构如图 2-6 所示。

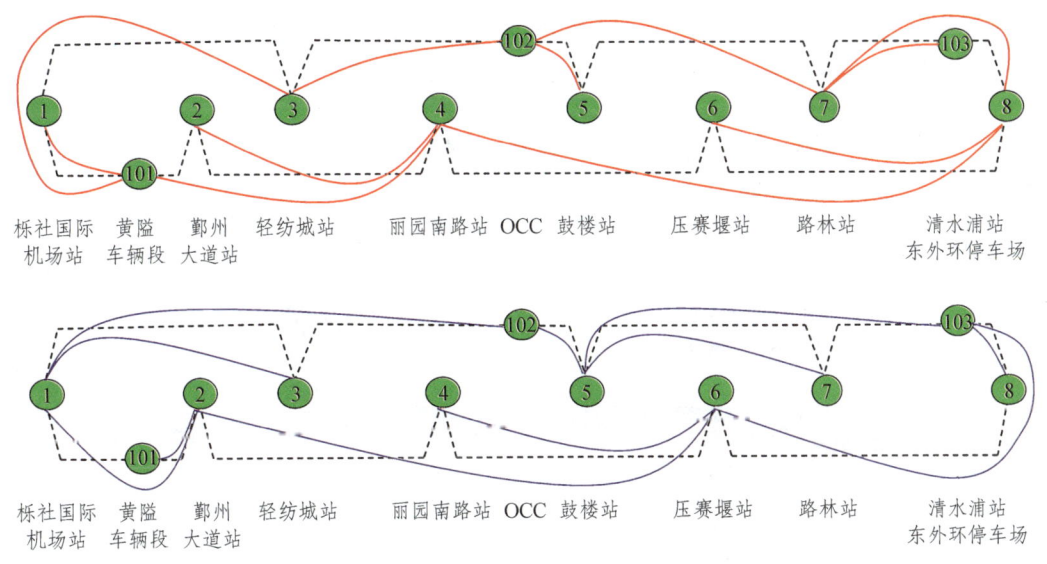

图 2-5　骨干网结构

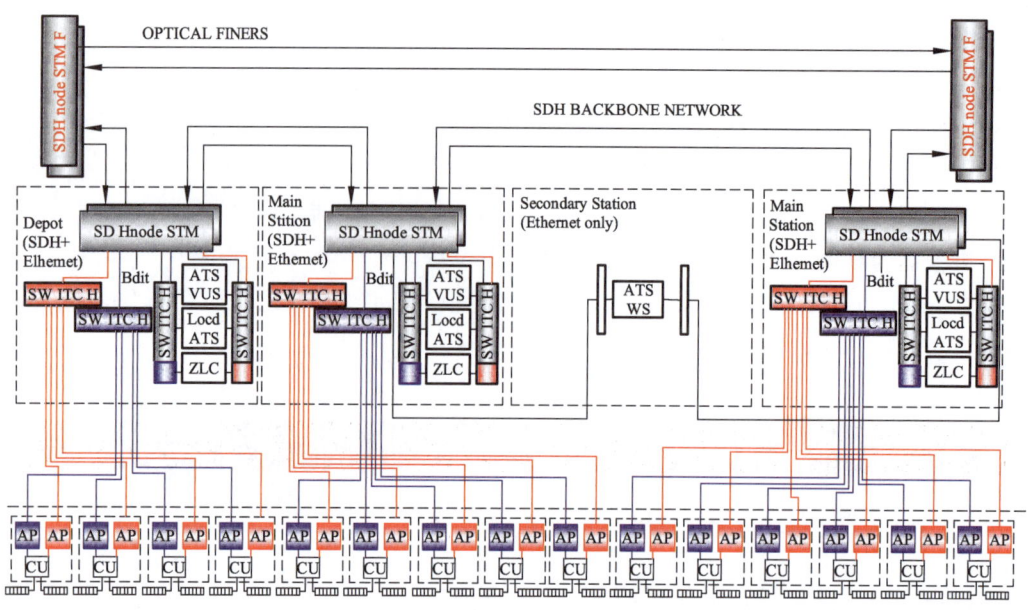

图 2-6 车站的骨干网结构

2. 无线网络

DCS 无线网络用于实现车载信号设备与轨旁信号设备之间的无线通信，它由轨旁无线接入点（AP）、耦合单元、波导管、车载无线天线、车载无线调制解调器等组成。

DCS 无线网络采用冗余结构，由红网和蓝网组成。DCS 无线网络用于车载和轨旁 CBTC 系统间信号数据流的传输。

每个 TRE（轨旁无线设备）由红、蓝接入点组成，此红、蓝接入点与其各自的接入网络相连接。每个红色、蓝色接入点分别连接到各自的耦合器上，耦合器连接到波导管上用于传输射频（RF）信号。TRE 的两个接入点将分别通过不同的光纤与骨干网连接（见图 2-7）。

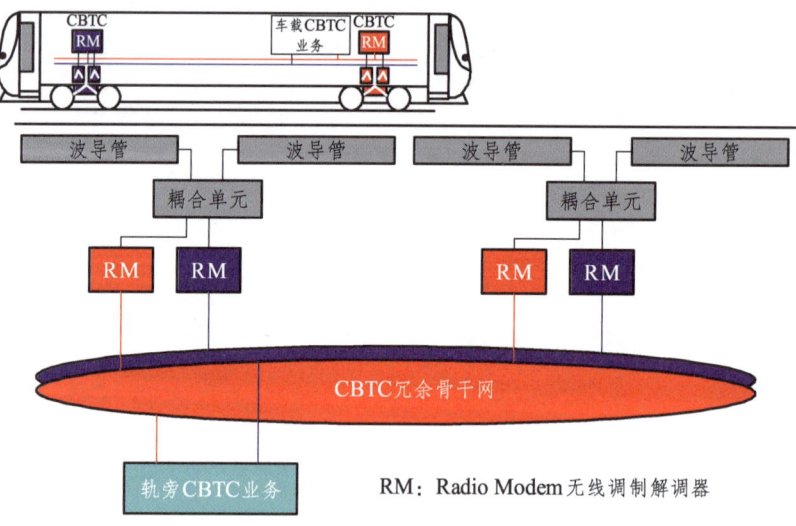

图 2-7 DCS 无线系统的结构

轨旁无线网络主要包含两种设备：轨旁无线接入点（轨旁无线基站）和轨旁漏隙波导管。

图 2-8 所示为波导管方案轨旁基站的详图。

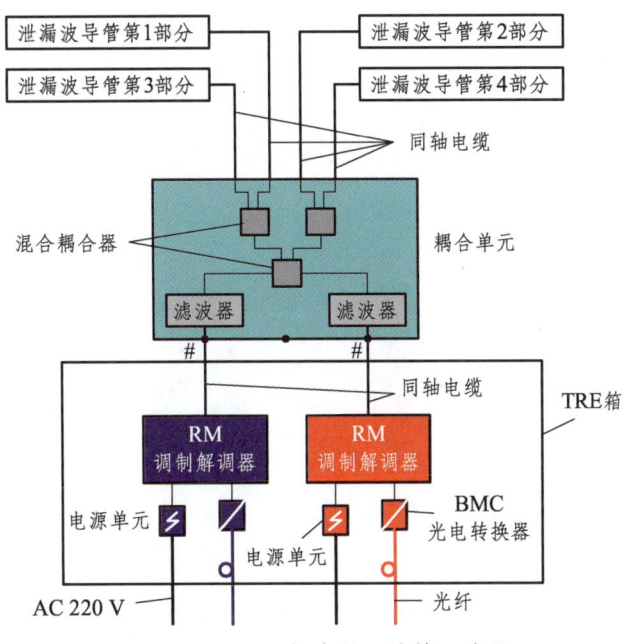

图 2-8　TRE 及耦合单元连接示意图

（二）故障现象及影响

1. DCS 骨干网故障

1）当系统出现以下故障现象判断为 DCS 骨干网故障

故障区域内的 CBTC 模式列车触发紧急制动，OCC 大屏和中央 MMI 显示联锁区灰显，该联锁区在紧急站控下 HMI 显示正常。

2）故障影响

DCS 设备故障，影响信号系统正常使用，导致列车无法在规定时间内收到轨旁的信息，故障车站不能向邻站办理进路，OCC 将失去对故障联锁区的监控，CBTC 驾驶模式受到影响，需进行抢修。

2. DCS 无线故障

1）当系统出现以下故障现象判断为 DCS 无线设备故障

故障区域内（非整个联锁区或 ZC 辖区）的 CBTC 模式列车触发紧急制动，列车车地通信功能不可用。

（1）如果只是单列车出现车-地通信故障，则可判断为车载无线信号设备故障引起。

（2）如果连续多趟列车在同一区域出现车-地通信故障，则可判断为轨旁无线设备故障引起。

2）故障影响

DCS 设备故障，会影响信号系统正常使用，导致列车无法在规定时间内收到轨旁的信息，CBTC 模式受到影响，需进行应急处置。

（三）故障处置流程

1. 骨干网故障处置流程

1）调度处置流程

（1）在发生 DCS 故障后，行调通知车站转紧急站控，并与车站确认联锁界面是否正常。车站将故障联锁区内道岔单锁至正线位；两端折返站以单操单锁的方式准备进路[若车站联锁界面灰显，按 CBI（计算机联锁）故障处置]，故障区域内采用电话闭塞法行车（霞浦、栎社国际机场站除外）。

（2）若故障发生在设有 ZC/LC 设备的联锁区，该 ZC/LC 对应的非灰显联锁区采用强制 BM 模式运行。

（3）霞浦站发生 DCS 故障时，高桥西至长江路下行采用小交路运行，长江路至霞浦上行采用单线双方向运行；当栎社国际机场站发生 DCS 故障时，聪园路至鄞州大道采用小交路运行，栎社国际机场至鄞州大道上行采用单线双方向运行。

（4）进行行车调整，向车站发布列车延误、行车调整信息。

（5）维调发布抢修令、发布短信。

2）乘务处置流程

（1）根据行调命令采用电话闭塞法或 BM 模式运行。

（2）按行调指令运行至正常区域恢复 CBTC 模式运行。

3）站务处置流程

（1）故障区域车站发现故障后及时汇报 OCC。

（2）车站接行调通知将 HMI 切换至紧急站控，确认界面显示正常，能实现车站对故障辖区的行车监控。

（3）按行调要求进行站台列车位置确认及人工准备进路工作。

（4）接行调命令故障区域车站启用电话闭塞法组织行车。

（5）做好乘客解释、广播等乘客服务工作。

（6）配合做好各专业抢修工作。

（7）车站做好站台乘客引导和安全防护工作。

（8）接到行调恢复正常行车通知后，车站恢复正常行车、客运组织，并加强列车运行监控。

4）通号处置流程

（1）查看微机监测，若有该联锁区 SDH 节点相关报警信息，且在 DCS 网管终端主拓扑图上站点 SDH 节点显红、两端链路显红，则判断为 SDH 节点相关故障。

处理：排查 SDH 节点设备，参照 SDH 节点故障排查方法。

（2）查看 DCS 网管终端主拓扑图，若只有站点 SDH 节点两端链路显红，则判断为 SDH 节点通信链路故障。

处理：排查 SDH 通信链路，参照 SDH 通信链路故障排查方法。

（3）查看微机监测报 SDH 节点板卡故障，若 DCS 网管终端主拓扑图上站点 SDH 节点板卡显红，则判断为板卡问题。

处理：在 SDH 客户端点击相应板卡有具体告警内容，根据告警信息及处理建议进行相应处理。

注意：设有 ZC/LC 设备的联锁区，故障处理完毕后，先关闭 ZC/LC 再进行 DCS 设备重启，避免大范围出现粉光带，扩大故障影响范围。

2. 无线网络故障处置流程

1）调度处置流程

（1）单车故障：令故障列车以强制 BM-RM 模式运行，收到速度码后恢复强制 BM-ATPM(ATO)运行至终点站后退出服务；若无法收到速度码，切除 ATC 以 URM 模式运行至指定车站清客。

（2）轨旁设备故障：令全线列车在该故障区段转强制 BM 模式运行。

2）乘务处置流程

（1）按行调命令令转强制 BM 或 URM 模式运行。

（2）若在站台转换 BM 模式，应在关好门之后进行模式转换。

3）站务处置流程

（1）做好乘客解释、广播等乘客服务工作。

（2）行调通知列车清客，车站做好列车清客工作。

（3）车站做好站台乘客引导和安全防护工作。

（4）接到行调恢复正常行车通知后，车站恢复正常行车、客运组织，并加强列车运行监控。

4）通号处置流程

（1）查看微机监测报交换机故障，DCS 网管终端 IP 连接图上交换机状态显红。

① 检查相应交换机工作状态，若交换机电源灯灭，则判断为交换机电源相关故障。

处理：重启交换机，若重启恢复，在运营结束后进行排查；若未恢复，则更换交换机。

② 检查交换机网口指示灯，若交换机网口指示灯灭，则判断通信链路故障。

处理：对网线进行紧固，若故障还未恢复，更换对应的网线。

（2）查看微机监测报 AP 故障，DCS 网管终端 IP 连接图上 AP 点状态显红，在 IP 客户端对 AP 点进行轮询测试，若未成功则判断为对应站点轨旁 TRE 故障。

处理：排查轨旁 TRE 设备。

（3）查看微机监测报列车与红蓝网通信中断，DCS 网管终端 IP 连接图上相应列车状态显红，在 IP 客户端对列车红蓝网进行轮询测试，若未成功则判断为对应车载 Modem 设备故障。

处理：排查车载无线设备。

故障四　CBI（计算机联锁）故障

（一）计算机联锁系统简介

智能安全型计算机联锁系统——iLOCK，是在"2 乘 2 取 2"安全结构的基础上，再增加独立的"故障—安全"校验 CPU，采用 NISAL 专利技术，构成的智能安全型计算机联锁系统（见图 2-9）。其功能为负责本设备集中站所辖区域内的联锁逻辑处理等。

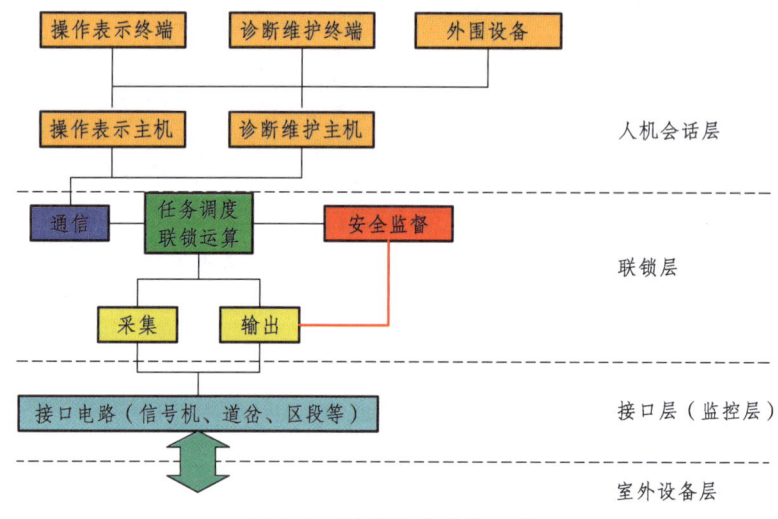

图 2-9　联锁硬件结构示意

设备集中站联锁子系统构成如图 2-10 所示。

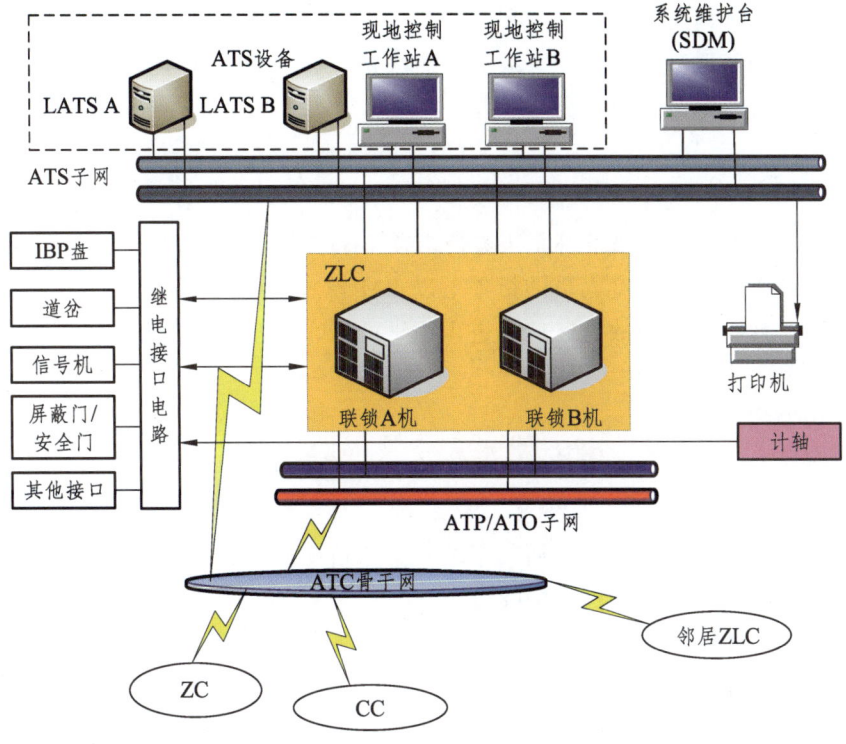

图 2-10 设备集中站 CBI 子系统结构

非设备集中站联锁子系统构成，如图 2-11 所示。

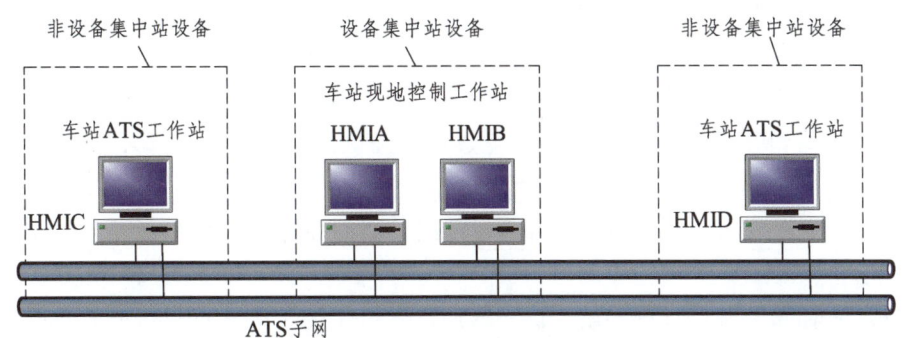

图 2-11 非设备集中站 CBI 子系统设备框图

（二）故障现象及影响

1. 当系统出现以下故障现象判断为联锁故障

（1）列车在受影响区域停车（可能在紧急制动状态）。

（2）接近此联锁区的列车以常用制动或者紧急制动停车。

（3）ATS、ZC、CC 与该联锁区联锁失去通信。

（4）中央 CATS、车站 LATS 及紧急站控模式下均失去联锁区的监视。
（5）该联锁区域内所有信号机点亮红灯。
（6）邻近联锁区域已向该联锁区域排列的进路将显示禁止信号。
（7）维护、监测终端产生报警。

2. 故障影响

CBI 控制区域内的信号设备将无法监控，在 CBTC 模式下的列车实施紧急制动，紧急制动缓解后，列车只能在调度人员的指挥下以 RM 模式或 URM 模式通过该区域，需组织人员进行抢修。列车驶出该故障区域，进入正常区段，列车可恢复至 CBTC 模式运行。

（三）故障处置流程

1. 调度处置流程

（1）在发生 CBI 故障后，行调通知车站转紧急站控，确认联锁界面是否正常，故障区域内采用电话闭塞法（霞浦、栎社国际机场站除外）。

（2）中间站的处置：

① 车站确认故障现象。

行调通知车站转紧急站控，车站确认联锁界面灰显后，通知车站做好人工进路准备，到端门处报行调，采用电话闭塞法或 URM 组织行车。

② 列车定位。

a. 一名行调根据列车运行图确认故障联锁区相邻联锁区内的列车车次，初步判断出故障区域内的列车顺序及数量，与故障区域司机确认列车准确位置。

b. 另一名行调与车站值班员核对故障区域内在站列车信息及区间列车顺序及数量。

c. 两名行调相互核对列车顺序及列车数量，确认两者一致后向车站发布列车定位信息；若不一致，重复上述列车定位流程。

d. 向车站发布列车定位信息后，由其他调度员协助在综合信息布置图上揭挂列车具体位置。

e. 若列车前方无道岔且进路空闲后，行调优先组织列车进站；若列车前方有道岔，行调应待进路准备完毕后组织列车进站。

③ 准备进路。

a. 优先准备列车运行前方有道岔的进路，进路准备完毕、人员出清后，将区间迫停列车组织至前方站。用语：将 × 号道岔钩锁至正线位，人员工器具出清（到达安全避让点）报行调。

b. 故障联锁区进路全部准备完毕（准备××至××站上/下行进路，人员工器具出清后汇报行调），所有列车均到达站线，值班主任、行调、司机、车站确认无误后，采用电话闭塞法。

（3）两端折返站的处置：

① 车站确认故障现象。

行调通知车站转紧急站控，车站确认联锁界面灰显后，通知车站做好人工进路准备，到端门处报行调。采用电话闭塞法行车（霞浦、栎社国际机场站除外）。

② 列车定位。

a. 一名行调根据列车运行图确认故障联锁区、相邻联锁区内的列车车次，初步判断出故障区域内的列车顺序及数量，与故障区域司机确认列车准确位置（在高峰时段取消高峰车出场、两端折返站确认是否有备车）。

b. 另一名行调与车站值班员及车场调度员核对故障区域内在站列车信息及区间列车顺序及数量。

c. 两名行调相互核对列车顺序及列车数量，确认两者一致后向车站及车场发布列车定位信息；若不一致，重复上述列车定位流程。

d. 向车站及车场发布列车定位信息后，由其他调度员协助在综合信息布置图上揭挂列车具体位置。

e. 若列车前方无道岔且进路空闲后，行调优先组织列车进站；若列车前方有道岔，行调应待进路准备完毕后组织列车进站。

③ 准备进路。

a. 若列车迫停区间未越过前方道岔，用语：将×号道岔钩锁至正线位，人员工器具出清（到达安全避让点）报行调。行调组织列车进站。

b. 站前折返进路（如栎社国际机场站、聪园路站），用语：准备××站上/下行至××上/下行进路，将进路上的道岔钩锁至正确位置，人员到达安全避让地点后汇报行调，组织列车进站。

c. 站后折返进路（高桥西站、霞浦站），用语：准备××站上/下行（折返线×道）至折返线×道（××站上/下行）进路，将进路上的道岔钩锁至正确位置，人员到达安全避让地点后汇报行调；故障联锁区进路全部准备完毕，所有列车均到达站线或折返线，值班主任、行调、司机、车站确认无误后，采用电话闭塞法行车（霞浦、栎社国际机场站除外）。

d. 霞浦站发生CBI故障时，高桥西至长江路下行采用小交路运行，长江路至霞浦上行采用单线双方向运行；当栎社国际机场站发生CBI故障时，聪园路至鄞州大道采用小交路运行，栎社国际机场至鄞州大道上行采用单线双方向运行。

（4）进行行车调整，向车站发布列车延误、行车调整信息。

（5）维调发布抢修令、发布短信。

2. 乘务处置流程

（1）根据行调命令采用电话闭塞法或（单线双方向运行）。

（2）按行调指令运行至正常区域恢复CBTC模式运行。

3. 站务处置流程

（1）故障区域车站发现故障后及时汇报 OCC。

（2）车站接行调通知将 HMI 切换至紧急站控模式，确认界面显示灰显，无法实现车站对故障辖区的行车监控。

（3）按行调要求进行站台列车位置确认及人工进路准备工作。

（4）接行调命令，故障区域车站启用电话闭塞法组织行车。

（5）做好乘客解释、广播等乘客服务工作。

（6）配合做好各专业抢修工作。

（7）车站做好站台乘客引导和安全防护工作。

（8）接到行调恢复正常行车通知后，车站恢复正常行车、客运组织，并加强列车运行监控。

4. 通号处置流程

（1）查看 ATS 维护台，若显示故障区域站台紧急关闭，SDM 显示联锁机显红，伴有大量不同步告警，检查联锁 A/B 机 VLE 板卡灯位无闪烁或固定常亮，则判断为联锁机死机。

处理：重启联锁 A/B 机，若重启恢复，在运营结束后进行排查。

（2）查看 SDM，若联锁机显红，并有联锁 A/B 机连接中断告警；同时联锁机工作指示灯全部熄灭，则判断为联锁输入电源故障。

处理：排查联锁机输入电源故障，参照联锁电源故障排查方法。

（3）查看 SDM，若联锁机显红，并有联锁 A/B 机连接中断告警；同时联锁 A/B 机联机灯闪烁，则判断为联锁机通信故障。

处理：排查联锁机通信故障，参照联锁通信故障排查方法。

注意：

① 因主备切换失效导致的故障，通号人员第一时间将联锁工作主机强制为正常主机，关闭故障主机，根据故障现象对故障主机进行抢修。

② 主备机均故障的情况下，尝试重新启动设备，保证至少有一系可以正常使用。

故障五　转辙机故障

（一）转辙机设备简介

道岔是指将一条铁路线分成两条或以上线路的轨道设备，其中信号的设备由转辙机、外锁闭部分组成。

1. S700K 交流电动转辙机介绍

S700K 电动转辙机的型号如图 2-12 所示。

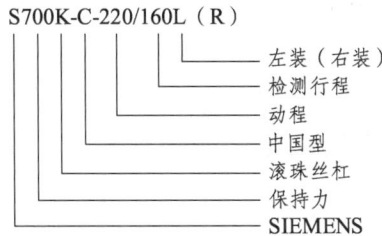

注：A7（8）奇数为左装，偶数为右装。高速铁路 A13G（14G）

图 2-12　S700K 电动转辙机型号解释

S700K 电动转辙机的型号如图 2-13 所示。

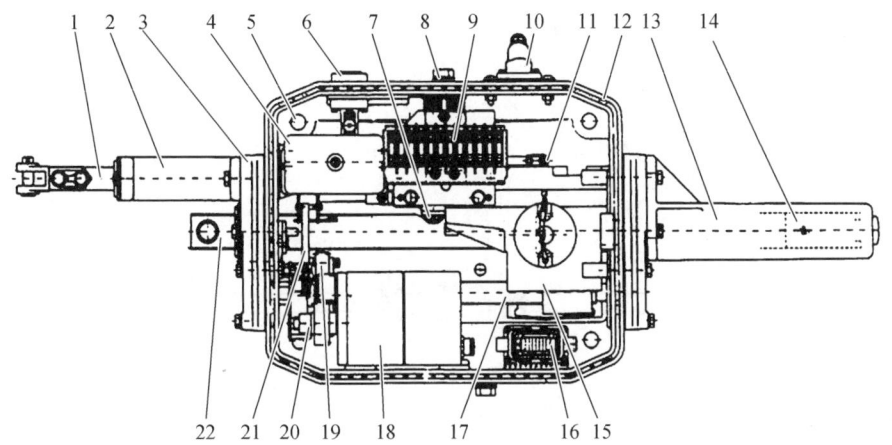

1—检测杆；2—导向套筒；3—导向法兰；4—遮断开关；5—地脚孔；6—开关锁；7—锁闭块；8—接地螺栓；9—速动开关组；10—电缆密封装置；11—指示标；12—底壳；13—动作杆罩筒；14—止挡片；15—保持器；16—插座；17—滚珠丝杠；18—电机；19—摩擦联结器；20—摇把齿轮；21—连杆；22—动作杆。

图 2-13　S700K 转辙机组成部件

2. ZDJ9 交流电动转辙机介绍

ZDJ9 交流电动转辙机的型号如图 2-14 所示，其组成部件如图 2-15 所示。

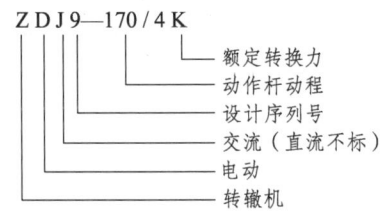

图 2-14　ZDJ9 交流电动转辙机型号解释

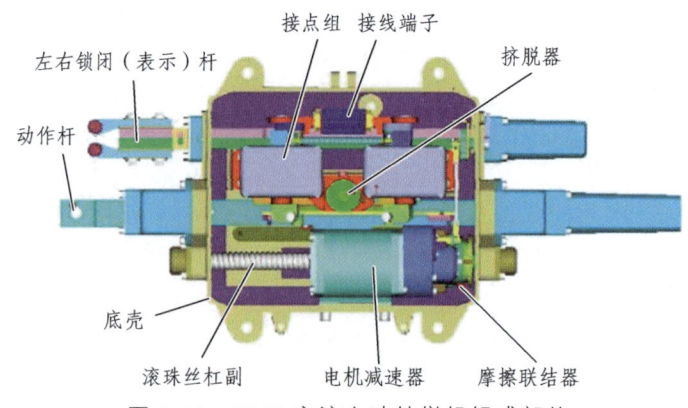

图 2-15 ZDJ9 交流电动转辙机组成部件

3. 外锁闭介绍

目前1、2号线采用的外锁闭装置是钩型外锁闭装置,由锁闭杆组件、锁钩组件、锁闭框组件、尖轨连接铁组件组成(见图 2-16)。

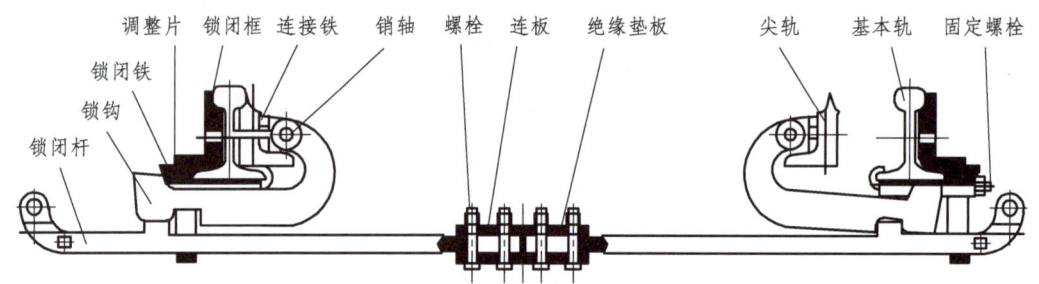

图 2-16 外锁闭装置组成部件

(二)故障现象及影响

1. 当系统出现以下故障现象判断为转辙机故障

(1)道岔无法转换或无法转换到位。

(2)道岔转换到位无法给出位置表示。

(3)道岔失去表示。

2. 故障影响

转辙机故障将导致列车无法正常运行,需组织人员进行抢修。

(三)故障处置流程

1. 调度处置流程

(1)发现道岔红闪后,行调及时扣停相关列车,将故障道岔定、反位来回单操三次,同时通知车站做好人工进路的准备。

（2）如有一位置（定或反）有表示，行调应尽量改变折返进路，利用该道岔既有位置接发列车。

（3）如定/反位均失去表示或该表示位无法满足运营条件，则令车站现场准备人工进路接发列车。

（4）道岔失表后，行调确认故障区段空闲，将相关信号机交人工控，防止进路自动触发，导致道岔不停转换，影响故障判断处置。

（5）行调以任务制方式布置车站人工准备进路[准备××站上/下行（折返线×道）至折返线×道（××站上/下行）进路]，手摇道岔接、发列车开始后，未经行调同意任何人不得擅自拆除钩锁器。

（6）指令首列车司机限速 25 km/h 运行通过道岔故障区段。

（7）进行行车调整，向车站发布列车延误、行车调整信息。

（8）维调发布抢修令、发布短信。

（9）道岔抢修完毕试验道岔功能。

2. 乘务处置流程

（1）按行调指令以 RM 或 URM 驾驶，确认道岔开通位置。

（2）按行调指令越过禁止信号，注意"一灯一令"或"一区间一令"。

3. 站务处置流程

（1）故障区域车站发现故障后及时汇报 OCC。

（2）接行调通知做好人工进路的准备工作。

（3）接行调通知进行人工进路。

（4）做好乘客解释、广播等乘客服务工作。

（5）配合做好各专业抢修工作。

（6）车站做好站台乘客引导和安全防护工作。

（7）接到行调恢复正常行车通知后，车站恢复正常行车、客运组织，并加强列车运行监控。

4. 通号处置流程

运营期间发生故障后应第一时间恢复行车，根据初步排查结果需进行快速抢修的，经行调批准开展抢修，若运营期间不进行处理，做好现场保障工作。

1）检查机械部分

（1）检查尖轨基本轨及外锁闭等外部环境。

（2）检查转辙机内接点组、挤脱器、表示缺口等内部环境。

（3）检查道岔工况。

2）测量电路部分

在室外机械到位的前提下，测量电路的基本信息，具体故障参照表 2-1 进行分析。

表 2-1 故障对照表

正常值				室内电源故障或断线故障			
转辙机位置	测量位置	交流	直流	转辙机位置	测量位置	交流	直流
定位	X2 与 X1、X4	55～62 V	19～22 V	定位	X2 与 X1	0 V	0 V
反位	X3 与 X1、X5	55～62 V	19～22 V	反位	X3 与 X1	0 V	0 V
定反都为此值	BD3-4	220 V	—				
	BD52-62	110 V	—				

室外断线故障				定位 X4、反位 X5 断线及延长线断线			
转辙机位置	测量位置	交流	直流	转辙机位置	测量位置	交流	直流
定位	X2 对 X1、X3、X4 之间	110 V	0 V	定位（故障点在室内）	X2 对 X1	69 V 左右	35 V 左右
					X2 与 X4	69 V 左右	35 V 左右
反位	X3 与 X1、X2、X5 之间	110 V	0 V	定位（故障点在室外）	X2 对 X1	69 V 左右	35 V 左右
					X2 与 X4	0	0

室外混线(短路)							
转辙机位置	测量位置	交流	直流	反位（故障点在室内）	X3 对 X1	69 V 左右	35 V 左右
定位	X2 与 X1	0～8 V	0 V		X3 与 X5	69 V 左右	35 V 左右
反位	X3 与 X1	0～8 V	0 V	反位（故障点在室外）	X3 对 X1	69 V 左右	35 V 左右
定反都为此值	R1	110 V	—		X3 与 X5	0	0

故障六　计轴故障

（一）计轴简介

计轴系统的工作是基于统计车轴的原理，在需要监测的区段两端分别设置计轴点，计轴点与室内主机连接，计轴主机处理来自磁头点的信息。若进入区段的轴数和离开区间的轴数相同，则计轴系统给出区段空闲提示；反之，提示占用。

本系统采用泰雷兹 AzLM 型计轴系统（见图 2-17），由室内 ACE 计轴主机和室外轨旁计轴设备 Zp30H/Zp30K 组成。轨旁计轴设备包括轨道传感器 Sk30H/Sk30K 和 EAK 电子单元 EAK30H/EAK30K。室内计轴主机与室外计轴点之间采用 ISDN 数据通信，电源与数据可共线传输。

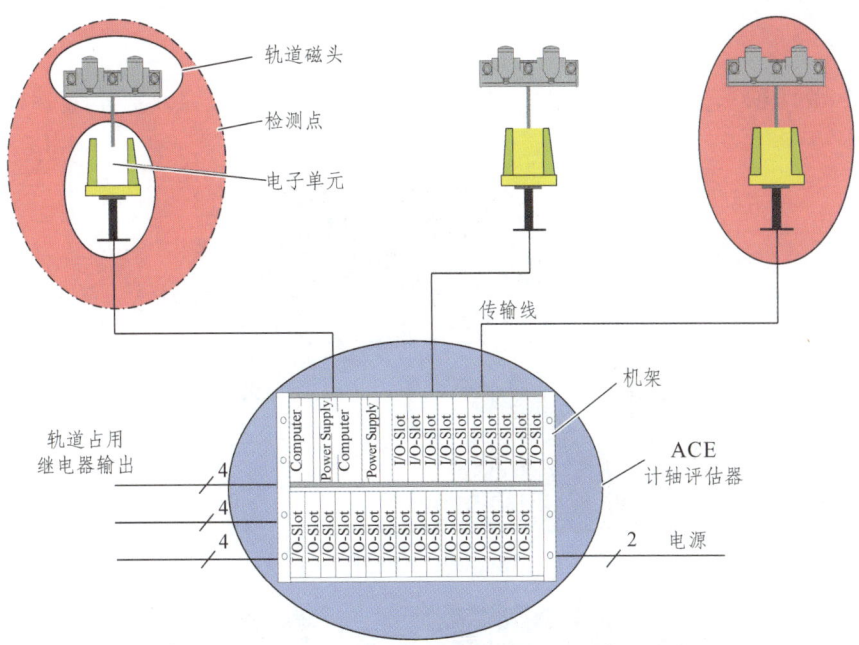

图 2-17 AZLM 系统构成示意图

室内设备(ACE 计轴主机)：包括安全计算机模块（2 取 2）、电源、串行 I/O、并行 I/O、电源数据耦合单元（PDCU）。

室外设备(ZP30H)：包括轨道磁头（SK30H）、车轴检测器（室外电子单元 EAK30H）。

轨旁电子单元与计轴主机之间通过计轴通信电缆相连，采用的数据传输方式为 ISDN 数据通信。

1. 计轴主机

计轴主机的实物如图 2-18 所示。

图 2-18 计轴主机

2. 计轴磁头

AzLM 型计轴系统室外设备分为 Zp30H/Zp30K 两种型号，分别如图 2-19、图 2-20 所示。

图 2-19　ZP30H

图 2-20　ZP30K

3. EAK 电子单元

EAK 电子单元的外观及内部构造如图 2-21 所示。

图 2-21　EAK30K

（二）故障现象及影响

1. 当系统出现以下故障现象判断为计轴故障

（1）单个或多个计轴出现粉光带。
（2）单个或多个计轴出现棕光带。
（3）计轴主机所管辖的全部计轴显示棕光带。
（4）计轴主机所管辖的全部计轴显示粉光带。

2. 故障影响

当计轴设备无法正常工作时，会失去对轨道区段的自动监督功能，无法判别区段正常占用或出清，可能导致列车晚点，需按照 OCC 指令调整列车运营。计轴系统的故障一般会表现在与之相连的联锁系统人机界面和微机监测告警信息中。

棕光带不影响 CBTC 行车，处置人员到现场后马上进行设备重启，通号人员确认设备具备预复位条件时通知调度，调度通知车站进行预复位操作，组织列车清扫，清扫成功后，通号人员确认室内继电器状态正常，通知调度进行确认计轴有效操作。棕光带故障处置最为简单、安全，第一时间处置可以避免升级为粉光带，影响正常行车组织。

出现棕光带时，对于筛选失败等潜在的可能造成棕光带变为粉光带的不利场景，可以通过以下措施进行规避或消除。

（1）棕光带故障未完成处理前，调度应安排列车从未发生故障的一侧出入段。
（2）列车出库时，需保证出入段线与相邻折返线同一时间只允许存在一列车。
（3）严禁出库列车在转换轨不停车进入正线。
（4）非通信列车在恢复通信后需在前方站线或折返线进行精准停车。
（5）非通信列车接近故障区段后，棕光带会升级为粉光带，沿途信号机会被点亮，禁止非通信列车通过该故障计轴区段（视情况提前清客、退出服务或小交路）。

注意：

① 遇到白光带、未解锁的进路造成道岔区段无法操作的，可以尝试通过区故解（白光带）、排列同向进路后取消进路或人解进路的方式进行快速处理。

② 棕光带故障处置期间，在得到通号人员回复区段清扫成功前，不得进行"确认计轴有效"操作，避免棕光带变成粉光带，影响行车。

（三）故障处置流程

1. 调度处置流程

（1）单个或多个计轴区段故障出现粉光带。
① 不需转换道岔组织行车时：
a. 行调确认区段空闲后第一时间通知站务人员对粉光带区段进行预复位操作，组织列

车以 RM 或 URM 模式进行清扫（URM 正线限速 45 km/h，岔区限速 25 km/h，正线长区间建议采用 URM 模式），清扫完毕后，操作确认计轴有效。

b. 若故障未消除，重新进行预复位、清扫，再确认计轴有效，同时通知通号人员确认设备状态后进行处置。

c. 粉光带消失则恢复正常行车，若故障依然存在，安排后续列车降级运行。

② 需转换道岔组织行车时：

a. 若岔区出现粉光带且需转换道岔组织行车，调度组织站务/车场人员进行人工准备进路接发列车。

b. 行调确认区段空闲后第一时间通知站务人员对粉光带区段进行预复位操作，组织列车以 RM 或 URM 模式进行清扫（URM 正线限速 45 km/h，岔区限速 25 km/h，正线长区间建议采用 URM 模式），清扫完毕后，操作确认计轴有效。

c. 若故障未消除，重新进行预复位、清扫，再确认计轴有效，同时通知通号人员确认设备状态后进行处置。

d. 粉光带消失则恢复正常行车，若故障依然存在，安排后续列车降级运行。

（2）单个、多个计轴区段故障出现棕光带。

① 行调通知车站进行计轴预复位。

② 预复位后组织 CBTC 模式列车对故障计轴进行清扫。

③ 待列车通过，得到通号人员回复故障区段清扫成功后，对各区段进行"确认计轴有效"，光带出清则列车清扫成功；若故障未消除，重新进行预复位、清扫，再确认计轴有效，同时通知通号人员确认设备状态。

（3）非转换轨不可切除区段计轴主机故障。

① 通知即将经过故障区段的列车 RM 模式通过故障区域。

② 通号人员到达现场后，确认设备具备预复位功能后通知行调，行调通知车站进行计轴预复位。

③ 确认预复位成功后，令司机以 RM 模式对故障计轴进行清扫。

④ 待列车通过，得到通号人员回复故障区段清扫成功后，光带出清则列车清扫成功；若故障未消除重新进行预复位、清扫，同时通知通号人员确认设备状态。

⑤ 粉光带消失则恢复正常行车；若故障依然存在，安排后续列车采用 RM 模式通过该区段。

（4）转换轨不可切除区段计轴主机故障。

不可切除计轴区段故障显示粉光带，不影响正线列车运行，但因出入段线受扰占用，电客车进出场时须及时向司机发布越红灯令。

① 通号人员到达现场后，确认设备具备预复位功能后通知行调，行调通知车站进行计轴预复位。

② 确认预复位成功后令司机以 RM 模式，URM 模式（URM 模式下限速 45 km/h）对故障计轴进行清扫。

③ 待列车通过，得到通号人员回复故障区段清扫成功后，光带出清则列车清扫成功；若故障未消除，再重新对故障计轴进行预复位操作，安排列车清扫，同时通知通号人员确认设备状态。

④ 粉光带消失则恢复正常行车；若故障依然存在，安排后续列车越红灯进出场（段）。

（5）转换轨不可切除区段计轴主机及相邻计轴主机同时故障。

故障后集中站计轴区段显示粉光带。

① 行调组织一列通信列车运行至转换轨，尝试单操折返线道岔。

② 若道岔能操动，按多个计轴区段故障出现棕光带流程处理。

③ 若道岔不能操动，待通号人员确认设备具备预复位功能后通知行调，行调通知车站进行计轴预复位。确认预复位成功后组织列车对故障计轴区段进行清扫。待列车通过，得到通号人员回复故障区段清扫成功后，进行"确认计轴有效"；若故障未消除，再重新对故障计轴进行预复位操作，安排列车清扫，并再次确认计轴有效，同时通知通号人员确认设备状态。

（6）进行行车调整，向车站发布列车延误、行车调整信息。

（7）维调发布抢修令、发布短信。

2. 乘务处置流程

（1）按行调命令动车。

（2）越过禁止信号时，注意"一灯一令"或"一区间一令"。

（3）手动开关站台门、车门，必须先上站台后开门，如使用强行开门，操作完毕必须恢复。

3. 站务处置流程

（1）故障区域车站发现故障后及时汇报 OCC。

（2）按行调指令进行人工准备进路或计轴预复位工作。

（3）做好乘客解释、广播等乘客服务工作。

（4）配合做好各专业抢修工作。

（5）车站做好站台乘客引导和安全防护工作。

（6）接到行调恢复正常行车通知后，车站恢复正常行车、客运组织，并加强列车运行监控。

注意：计轴预复位前需要获得车站控制权，并在 HMI 上操作，开启计轴预复位功能，预复位功能开启后 60 s 内有效，IBP 盘待预复位区段上方灯亮代表该区段的预复位成功。

4. 通号处置流程

通号抢修人员第一时间确认设备状态，进行先期处置，设备具备预复位功能后第一时间回复行调。车站进行预复位期间在设备房内确认预复位命令有效,待列车清扫完毕后,确认继电器状态,第一时间回复行调。

故障处置如下:

(1) 查看 HMI 显示单个或多个但不连续的区段粉光带。

① 若 GDI 对应并口板显红,则判断为并口板故障。

处理:更换对应区段并口板。

② 若并口板显示正常,测量对应区段保险不通,判断为保险熔断。

处理:更换对应区段保险丝。

③ 查看对应区段轨道继电器状态,若轨道继电器吸起,则要求行调确认计轴有效;若轨道继电器落下,则需要进行预复位并排查轨道继电器电路及并口板。

处理:排查轨道继电器电路及并口板。

(2) 查看 HMI 显示多个连续区段(但不是全部区段)棕光带或粉光带。

① 若对应串口板显红,则判断为串口板故障。

处理:更换对应串口板。

② 若串口板显示正常,对应计轴点保险管显红,则判断为保险管故障。

处理:更换对应计轴点保险管。

③ 保险管显示正常,若对应区段室外 EAK 板卡红灯,则判断为 EAK 板卡故障。

处理:更换 EAK 板卡。

④ 测量计轴磁头参数,若超出标准范围,则判断为磁头故障。

处理:重新调整磁头参数或更换磁头。

(3) 查看 HMI 显示站场全部区段或上/下行区段棕光带或粉光带。

① 查看电源板指示灯,若工作灯不亮,则判断为电源故障。

处理:更换电源板或排查主机输入电源。

② 查看电源板指示灯,若显示正常,而 CPU 板卡显示 4,则判断为 CPU 板卡故障。

处理:更换 CPU 板卡。

注意:计轴故障处理完毕后需确认轨道继电器状态。

故障七 车载设备故障

(一) 车载设备简介

1. 车载 ATC 设备

车载 ATC 设备主要分布在列车上,主要设备分为:车上部分,包括司机人机界面 DMI、车载 CC;车底部分,包括编码里程计和信标天线。其设备分布如图 2-22 所示。

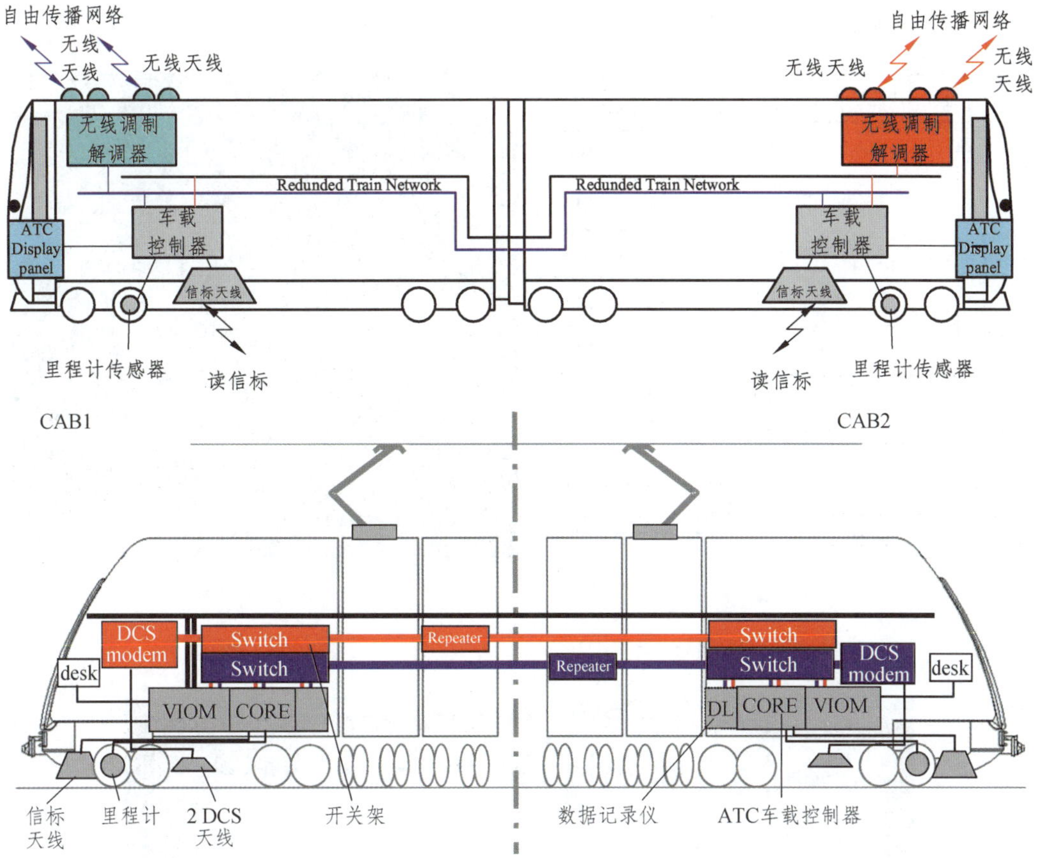

图 2-22 车载 ATC 设备分布图

1) DMI（司机人机界面，见图 2-23）

DMI 主要为司机驾驶提供部分列车信息，以及一些功能性操作。每列车配备有 2 台 DMI，每台 DMI 同时接入红蓝网，接收来自网络的输出信息和向网络传输自身状态和输入信息。

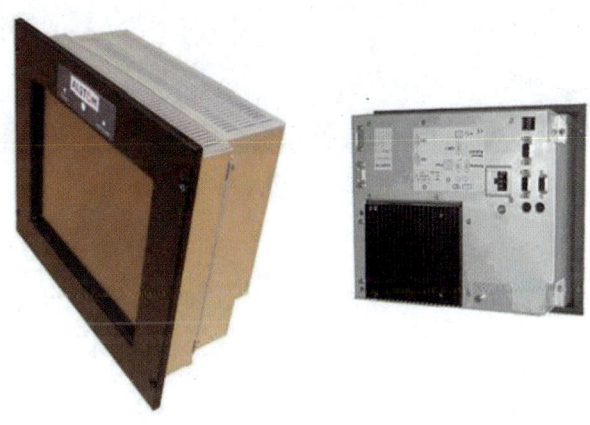

图 2-23 DMI

DMI 主要功能界面划分如图 2-24 所示。

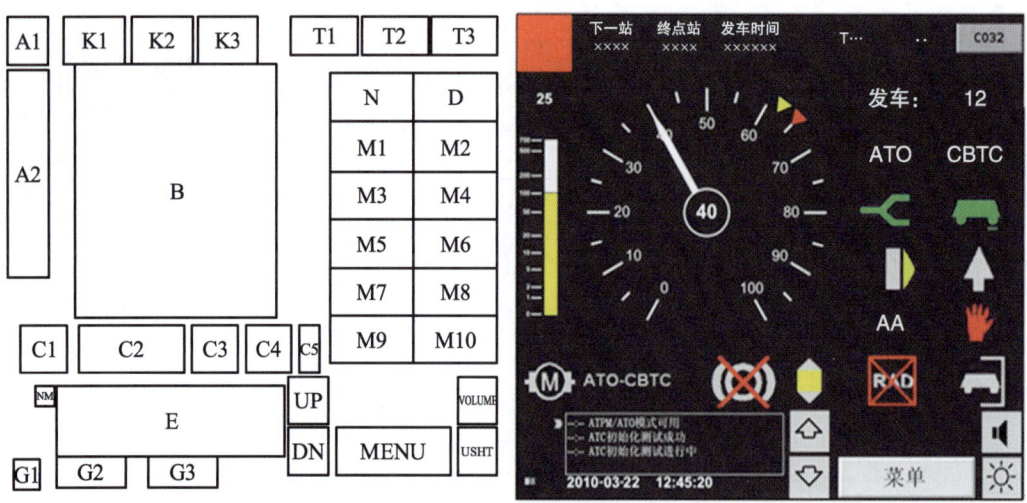

图 2-24　DMI 界面图

2）车载 CC 控制器（见图 2-25）

图 2-25　CC 控制器

3）编码里程计（Odometer）

编码里程计是测量列车位移的安全型传感器，为安装在车轴的光传感器，是为列车提供精确距离测量的设备（见图 2-26）。

图 2-26　编码里程计实物图

4）信标天线（Beacon Antenna）

信标天线位于司机驾驶室的正下方（见图 2-27），用于接收和放大信标的上行信号，并将此信号发送给安全处理器用于准确检测信标中心。

图 2-27　信标天线实物图

2. 车载 DCS 设备

数据通信系统管理所有的通信连接，分为：有线网络，包括骨干网和接入网；无线网络，包括轨旁无线网络和车载无线网络。

（二）设备故障现象及影响

1. 当系统出现以下故障现象判断为车载设备故障

（1）正常驾驶的 CBTC 列车紧急制动。

（2）站台门状态未知。
（3）司机显示单元显示 ATC 严重故障。
（4）列车 ATO 对标不准。
（5）司机显示单元黑屏、卡屏。
（6）车载红/蓝网通信中断。

2. 故障影响

列车无法以 CBTC 模式运行，列车能以 BM 模式或只能以 URM 模式运行，可能导致列车晚点、清客下线。

（三）故障处置流程

1. 乘务处置流程

（1）列车紧急制动，司机确认车载 DMI 上显示图标"▇""◆""⍰""RM"，汇报行调，按行调指示执行。
（2）若 RM 无法动车，根据行调命令切除 ATC，以 URM 模式，凭地面信号显示行车。
（3）URM 模式最高限速 45 km/h，过侧向道岔限速 25 km/h。严格执行先上站台后开门制度，手动开关车门、站台门。
（4）做好人工广播。

2. 调度处置流程

（1）接到司机故障报告后，行调令司机以 CBTC-RM、BM-RM 尝试动车。
（2）若无法动车时，令司机切除 ATC 以 URM 模式动车；视情况运行至调度指定车站清客、退出服务，末班载客列车（后续无跟跑空车）故障则以 URM 模式继续运营至终点。
（3）进行行车调整，向车站发布列车延误、行车调整信息。
（4）维调通报故障、发布短信。

3. 站务处置流程

（1）故障区域车站发现故障后及时汇报 OCC。
（2）做好乘客解释、广播等乘客服务工作。
（3）行调通知列车清客，车站做好列车清客工作。
（4）配合做好各专业抢修工作，按行调指令处置。
（5）车站做好站台乘客引导和安全防护工作。
（6）接到行调恢复正常行车通知后，车站恢复正常行车、客运组织，并加强列车运行监控。

4. 通号处置流程

（1）正常驾驶的 CBTC 列车紧急制动。

分析：若车辆触发紧急制动先于信号请求紧急制动（简称紧制），判断为车辆施加紧制；反之，则为信号专业请求施加紧制。

处理方法：车辆施加紧制，联系车辆进行分析处理；信号请求施加紧制，下载车载数据进行分析。

（2）站台门状态未知。

分析：查看 ATS 维护台回放，若显示车门打开，站台门不打开，车载数据显示站台门状态未知，可判断为 CC-联锁通信延迟。

处理方法：通知正线工班查看联锁数据，车载工班下载 DLU 数据分析，司机人工开关门后可采用 RM 模式出站。

（3）司机显示单元显示 ATC 严重故障。

分析：若列车继续以 CBTC 模式动车，可判定为非激活端 DMI 故障；若列车出现紧急制动，且无法以信号模式动车，查看司机显示单元显示 ATC 施加紧制，可判断为 CC 故障。

处理方法：排查 DMI 或下载 CMP、DLU、PPU 数据分析。

（4）列车 ATO 对标不准。

① 分析：若连续多站出现 ATO 对标不准，可判断为 CMP 板卡硬件故障、编码里程计故障或车辆接口故障。

处理方法：下载 ZC 和车载 DLU 数据，联系车辆协助分析。

② 分析：若某个车站出现 ATO 对标不准，可判断为 CMP 板卡软件故障。

处理方法：下载 ZC 和车载 DLU 数据分析。

（5）司机显示单元黑屏、卡屏。

分析：若驾驶端司机显示单元出现黑屏、卡屏现象，可能伴随出现 DMI 重启、触摸无效等现象，可判断为 DMI 故障。

处理方法：排查 DMI。

（6）车载红/蓝网通信中断。

分析：若列车上司机显示单元显示通信中断，微机监测有相关通信报警，可判断为车载红/蓝网通信中断。

处理方法：对车-地通信进行无线覆盖测试，查看是否存在列车无线覆盖异常，存在异常时，排查车载 DCS 设备、轨旁 DCS 设备、DCS 天线。

注意：单车故障能维持载客至终点站的，至终点站后退出运营，申请回场段或转换轨进行故障处理。

故障八　ATS 设备故障

（一）ATS 设备简介

ATS 子系统是一个分布式的计算机监控系统，主要分布于控制中心、正线设备集中站、正线非设备集中站、停车场和车辆段，系统采用热备冗余的方式，保证系统有高度的可用性。

控制中心 ATS 子系统结构示意图如图 2-28 所示。

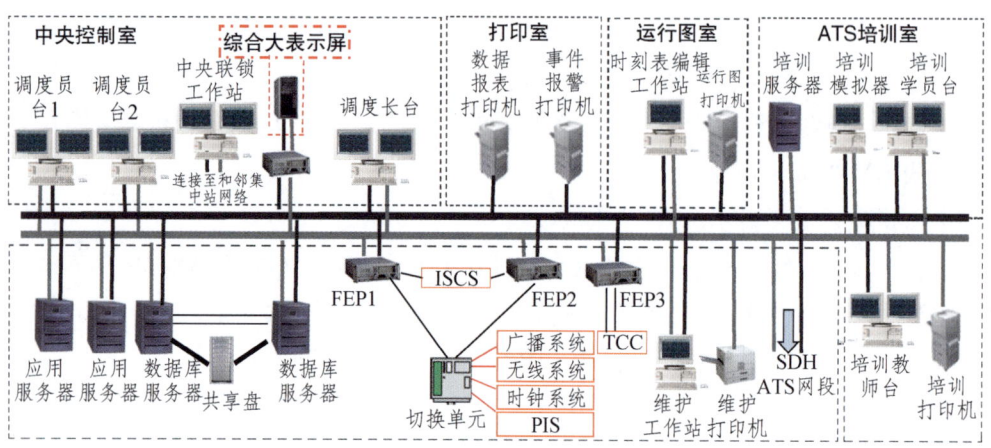

图 2-28　控制中心 ATS 子系统结构示意图

正线设备集中站 ATS 子系统结构示意图如图 2-29 所示。

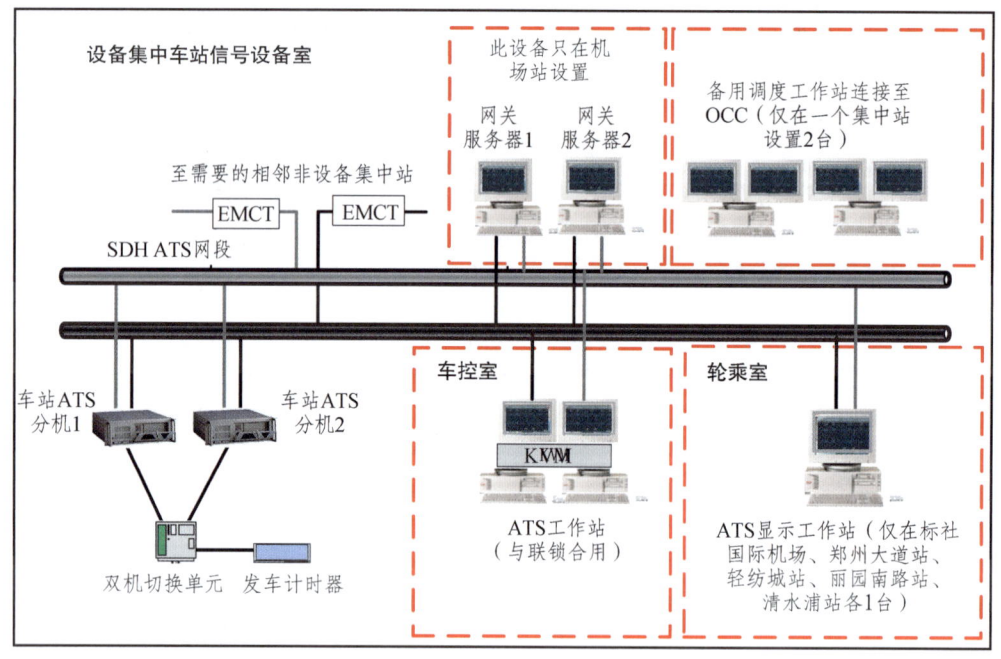

图 2-29　设备集中站 ATS 子系统结构示意图

正线非设备集中站 ATS 子系统结构示意图如图 2-30 所示。

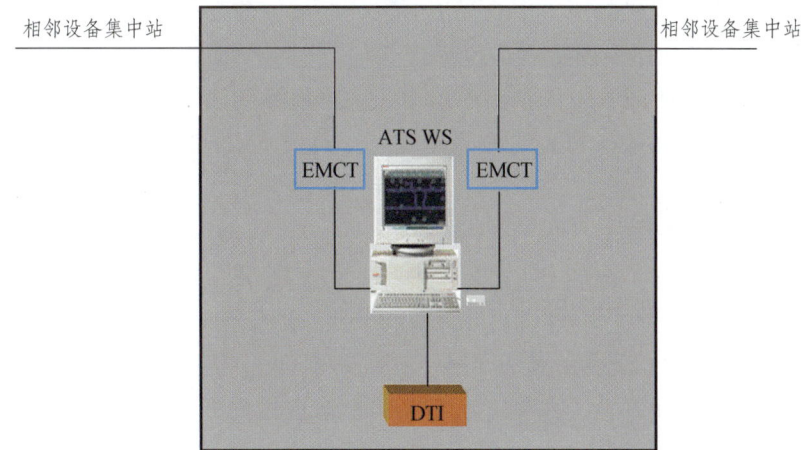

图 2-30　正线非设备集中站 ATS 子系统结构示意图

车辆段/停车场 ATS 子系统结构示意图如图 2-31 所示。

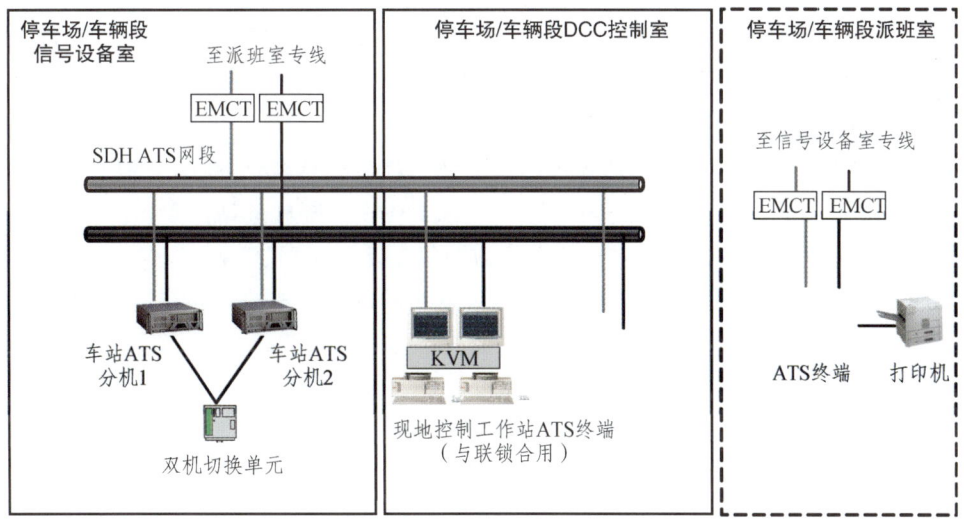

图 2-31　车辆段/停车场 ATS 子系统结构示意图

（二）设备故障现象及影响

1. 当系统出现以下故障现象判断为 ATS 设备故障

（1）中央大屏及 MMI 显示全线灰色。

（2）故障集中站在中央大屏及 MMI 显示该区域灰色，同时故障集中站 ATS 界面显示灰色。

2. 故障影响

中央 CATS 服务器双机故障，中央无法对故障区域内的列车下达 ATS 指令，可能导致列车晚点，需按照 OCC 指令调整列车运营。

集中站 LATS 双机故障，中央及集中站均无法对故障区域内的列车下达 ATS 指令，进路无法通过车次号自动触发，可能导致列车晚点，需按照 OCC 指令调整列车运营。

（三）故障处置流程

1. 调度处置流程

（1）中央 ATS 故障（全线灰显）。

① 发现中央 MMI 上显示全线灰显，行调与故障区段内列车确认正常收到速度码后，通知故障区域的列车司机改用 ATPM 模式驾驶进站停车。

② 与故障集中站确认 LATS 上的显示正常后，通知集中站进行站控操作（集中站操作紧急站控后再操作站控）。

③ 通知故障区域车站监控列车运行，非折返集中站的进路模式改为自动通过进路模式，当列车需临时调整时，人工排列进路；折返集中站的进路模式使用自动折返模式或人工排列折返进路，遇车次及进路异常情况时，及时报告行调。

（2）集中站 ATS 故障。

① 接车站故障报告后，行调通知车站转紧急站控后确认联锁界面显示是否正常，与车站、司机确认列车位置正确后，通知司机改用 ATPM 模式驾驶进站停车，防止列车越站，运行到正常区域时，对错误车次进行修正后方可恢复 ATO 模式驾驶。

② 通知故障区域车站监控列车运行，非折返站的进路模式改为连续通过进路模式，当列车需临时调整时，人工排列进路；折返站的进路模式使用自动折返模式或人工排列折返进路，按照时刻表组织行车。

（3）进行行车调整，向车站发布列车延误、行车调整信息。

（4）维保调度（简称维调）发布抢修令、发布短信。

2. 乘务处置流程

（1）及时向行调报告列车位置信息。

（2）按行调命令动车。

3. 站务处置流程

（1）故障区域车站发现故障后及时汇报 OCC。

（2）车站接行调通知将 HMI 切换至紧急站控模式再操作至站控，确认 HMI 联锁界面正常，能实现车站对故障辖区的行车监控。

（3）按行调要求进行列车位置确认及进路排列工作。

（4）做好乘客解释、广播等乘客服务工作。

（5）配合做好各专业抢修工作。

（6）车站做好站台乘客引导和安全防护工作。

（7）接到行调恢复正常行车通知后，车站恢复正常行车、客运组织，并加强列车运行监控。

4. 通号处置流程

（1）查看 CATS 服务器软件运行状态，若发现软件退出或软件未正常运行有卡滞，则判断为 CATS 软件故障。

处理：重启 CATS 服务器主备机软件，若重启恢复则在运营结束后进行进一步排查。

（2）查看 CATS 服务器工作状态，若 CATS 服务器主备机电源灯灭，则判断为 CATS 主备机电源故障。

处理：排查 CATS 服务器电源、空气开关（简称空开）、配线，重启 CATS 服务器主备机，若重启恢复则在运营结束后进行排查；若未恢复则更换服务器主机。

（3）查看 CATS 服务器 SID 板状态指示灯，若灯位异常则判断为服务器硬件问题。

处理：排查服务器硬件并更换相应的硬件。

（4）查看 CATS 服务器网口指示灯，若 CATS 网口指示灯灭，则判断为通信链路故障。

处理：对网线、两端的网卡、交换机配线进行紧固，若故障还未恢复，则更换对应的网线、网卡、交换机。

（5）查看 LATS 分机状态栏信息窗口，若无任何信息刷新，则判断为车站分机软件故障。

处理：重启 LATS 分机，若重启恢复则在运营结束后进行进一步排查。

（6）查看 LATS 分机机柜，若电源指示灯灭，则判断为车站分机电源故障。

处理：排查 LATS 分机电源、空开、配线，重启 LATS 主备机，若重启恢复则在运营结束后进行排查；若未恢复则更换服务器主机。

（7）查看 LATS 分机服务器，若网络指示灯灭，则判断为通信链路故障。

处理：对网线、交换机配线进行紧固，若故障还未恢复，则更换对应的网线、交换机。

（8）查看 LATS 分机，若 CPU 板卡、自律机灯位异常，则判断为板卡硬件故障。

处理：更换故障硬件。

项目二　【3号线一期及鄞奉城际线】通号行车故障处理

> 信号系统影响行车类故障的处置原则：坚持"先通后复""先救人、后救物；先全面、后局部"的原则。

故障九　移动授权单元（MAU）故障

（一）移动授权单元（MAU）简介

MAU 是 CBTC 信号系统的核心组成部分，属于地面设备的一部分（见图 2-32）。每个联锁区都包含一套 MAU 设备，每套移动授权单元 MAU 由 ATP/ATO 核心计算机单元和其他板卡组成，ATP/ATO 核心计算机单元包括 3 取 2 配置的安全型计算机，此配置同时实现了安全性和可用性。MAU 是模块化结构，具有可再配置、可再编程和可扩展性。MAU 主要负责给区域内的每列车计算和发送 LMA（移动授权），确保给列车提供 LMA 并保证列车的 LMA 不重叠。同时 MAU 还负责管理临时限速(TSR)。

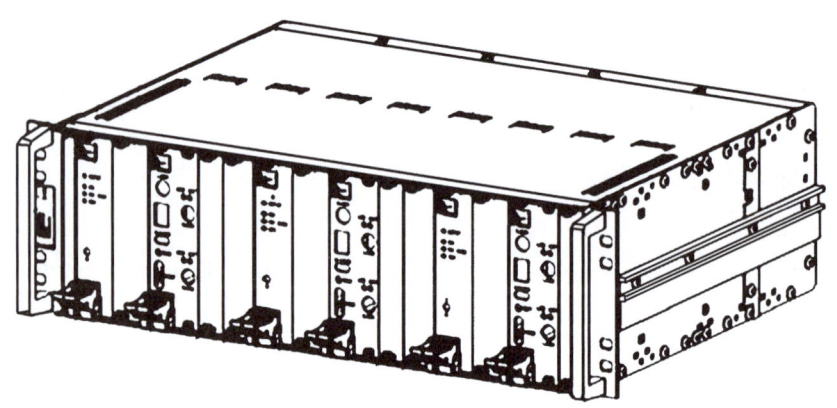

图 2-32　MAU 示意图

MAU 包含 MAU 子架等设备（见图 2-33）。MAU 由 3 个带电源的处理器板组成，为 3 取 2 配置。MAU 是模块化结构，具有可再配置、可再编程和可扩展性，主要负责给区域内的每列车计算和发送 LMA。

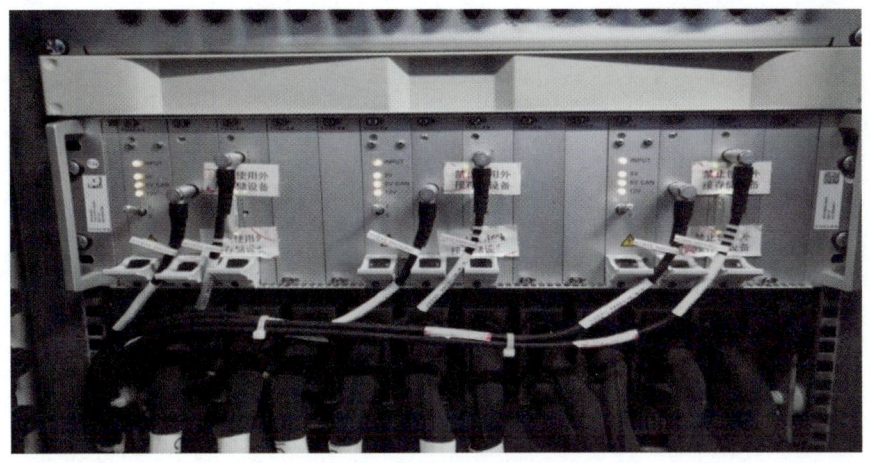

图 2-33　MAU 实物图

(二) 故障现象及影响

1. 当系统出现以下故障现象时可以判断为 MAU 故障

(1) ATS 工作站报 MAU 通信丢失,ZC 状态栏下半部分显红 ▇▇▇▇ ,故障控区内的 LMA/AMT 进路均消失,信号机关闭全部点红灯,MMI 有语音提示报警;相邻控区报与该站 MAU 通信丢失,ATS 与该站 MAU 通信丢失,运行的受控列车产生紧制(见图 2-34)。

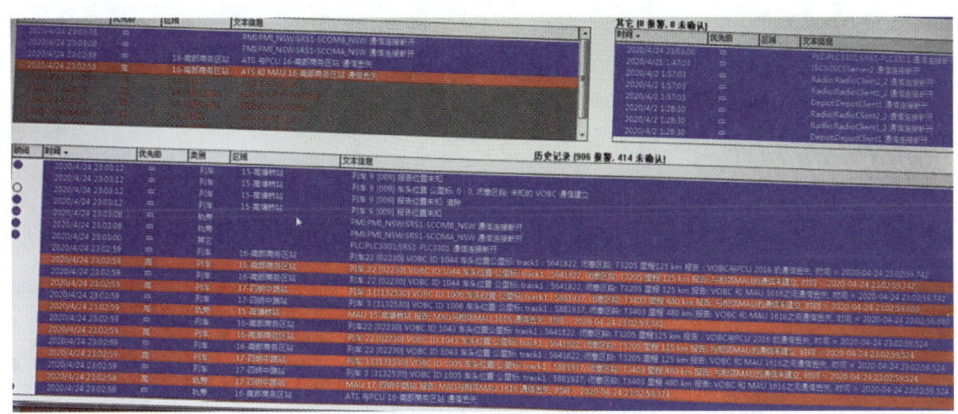

图 2-34　MMI 上告警显示

(2) 该区域内的所有 CBTC 模式列车触发紧急制动,接近此区域的列车以常用制动或紧急制动停车,故障区域内的所有列车 CBTC-ATPM 和 CBTC-ATO 不可用。

2. 故障影响

MAU 故障造成该区域内和边界处的所有 CBTC 驾驶模式失效,CBTC 运行模式下的列车将触发紧急制动,且不能以 CBTC 模式运行,严重影响列车运营,可能导致列车晚点。需按照 OCC 指令调整列车运营,并组织相关人员实施抢修。

注意：

（1）后备模式转换应在关好车门之后。

（2）列车转后备模式后，需等待 20 s 再越过前方开放的信号机。

（三）故障处理流程

1. 调度处置流程

（1）发现故障后，行调确认报警信息和故障现象。

（2）将故障控区转至后备模式，监控列车进路触发情况，若无法正常触发，行调及时排列进路。

（3）转换信号模式时，若故障区域内列车前方无道岔且进路空闲，组织列车 RM 模式动车。

（4）系统处于后备模式时，若故障区域外的受控列车在进入故障区域的前一个车站（即正常区域的最后一个车站）转至强制 RM 模式确认信号动车，升级后以 IATO/IATP 模式运行。

（5）进行行车调整，向车站发布列车延误、行车调整信息。

（6）维调发布抢修令、发布短信。

2. 乘务处置流程

（1）按行调指令故障区段内列车转后备模式运行，如区间紧制，按行调命令以 RM 进站时，手动开关站台门、车门，必须先上站台后开门，强行开门功能使用完毕应恢复。

（2）按行调指令 CBTC 模式，列车需在进入故障 MAU 区域前的一个车站（即正常 MAU 区域的最后一个车站）将列车模式转换后备模式。

（3）按流程设置半自动广播。

（4）按行调指令，列车以后备模式运行至正常 MAU 控制区域的第一站时恢复至 CBTC 模式运行。

3. 站务处置流程

（1）故障区域车站接到故障报告后及时汇报 OCC。

（2）车站做好列车延误广播的播放。

（3）做好故障区域站台双岗接车及乘客解释工作。

4. 通号处置流程

（1）查看 MAU，若三个计算通道有两个及以上不能用，CIQ3 轮训灯灭灯，ATS 工作站 ZC-×××状态显示红色，则判断为 CIQ3 板故障。

处理：运营期间经行调允许重启 MAU，若重启恢复则在运营结束后进行排查；若重启后故障仍未恢复，则下载相关数据，更换故障板卡。

（2）查看 MAU，若三个计算通道有两个及以上不能用，CIQ3 轮训灯（5-8）卡死，则判断为 MAU 软件故障。

处理：运营期间经行调允许重启 MAU，若重启未恢复则重刷软件。

（3）查看电源指示灯，若灭灯，ATS 工作站 ZC-×××状态显示红色，则判断为 PSU 电源板故障。

处理：更换 PSU 电源板（注：更换 PSU 电源板前需将电源屏 MAU 电源空开断开）。

（4）查看电源指示灯，若灭灯，ATS 工作站 ZC-×××状态显示红色，测量 BJ5 保险处输出电压为 0V，则判断为保险丝断丝。

处理：更换保险（注：更换保险前需将电源屏 MAU 电源空开断开）。

（5）ATS 工作站查看有相应的告警信息，PSU 电源板指示灯灭灯，测量 BJ5 保险处输入电压为 0V，电源屏上有报警，则判断为电源输入故障。

处理：排查电源屏处 MAU R1/R2/R3 空开是否为上电状态，若断开则电源屏空开上电；若无则进一步查找电源屏故障，找到故障点恢复。

（6）若 ATS 工作站显示相应告警信息异常，则判断为以太网路由卡故障。

处理：更换以太网路由卡。

重启注意事项：

各板卡不支持热插拔，需在关机状态下才能更换，MAU 重启完成后处于后备模式下，需要行调升级才能转换成 CBTC 模式，对 MAU 进行操作需佩戴静电手环。

故障十　车载设备故障

（一）车载设备简介

每列车配置两套互为热备冗余的车载控制器，分设在列车两端，单套设备为"2 取 2"结构，头、尾列车构成热备冗余。车载子系统组成包括：车载控制器、速度传感器、加速度计、信标查询单元+天线、司机显示单元、数据记录仪、接近传感器、车载无线单元+天线、安全器件、网络交换机，如图 2-35 所示。

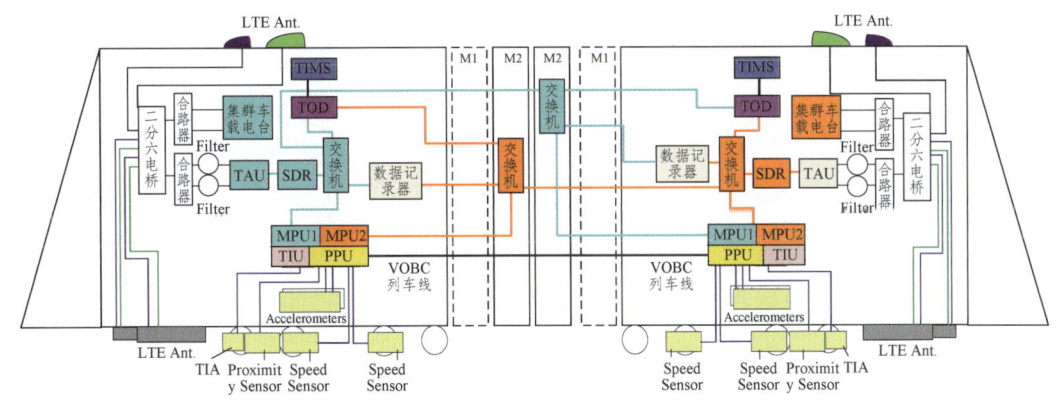

图 2-35　典型车载配置

1. 车载控制器

每列车配置两套互为热备冗余的车载控制器，分设在列车两端（见图 2-36），单套设备为"2 取 2"结构，头、尾列车构成热备冗余。当激活的 VOBC 故障时，另一套 VOBC 将自动接管列车控制。每套 VOBC 含有两个处理器，为安全的"2 取 2"配置，执行 ATP 和 ATO 功能，ATP 子系统和 ATO 子系统之间没有硬件接口。

图 2-36　车载控制器

2. 速度传感器

系统使用速度传感器来测量列车的位置和速度。每个速度传感器通道会生成两个相位差为 90°的输出信号流。车轮每转一圈，两个信号流就产生 100 个脉冲。脉冲的频率是与车轮的角速度成正比的。

速度传感器的输出信号被输入 VOBC 的外围处理单元，以确定列车的速度、行驶距离和行驶方向。

3. 加速度计

每套 VOBC 使用 2 个加速度计，加速度计安装在 VOBC 机柜内的车辆地板上。加速度计提供一个与列车加速度成正比的输出电压。加速度计信号用于自动速度控制（ASC）运算法则和空转/打滑的检测和补偿。

4. 信标查询单元+天线

信标查询单元（TIU）通过车载天线与线路上的信标进行通信，并把接收到的信标 ID 号发送给主处理器模块（MPU）。

每套 VOBC 连接一个信标查询单元和一个天线。信标查询单元不断地通过天线送出触发信号，线路上的信标会在天线接近时接收到信号，当信标接收到触发信号时会送回一个报文给信标查询单元，应答报文包含它的 ID 号信息，该 ID 号存储在信标中。信标在收到触发信号期间会连续发送报文。

5. 司机显示单元

司机显示单元（TOD）将提供给司机在不同模式下驾驶列车所需的控制和指示信息，使列车能够以不同的模式行驶。列车的两端各装有一套 TOD。

6. 数据记录仪

每套 VOBC 都配置一台车载数据记录仪（LDC），通过车载网络相连。
数据记录仪将记录下述信息：
VOBC 软件版本、列车编组（车厢数量）、所有安全和非安全的输入和输出，例如：日期和时间、列车号、驾驶模式、模式可用性状态、紧急制动状态、列车线信息、运行方向（列车给 ATC、ATC 给列车）、列车位置状态、轮径值、实际速度、速度限制、目标速度、目标距离、信标编号、站台对准状态、与 MAU 通信状态、与 ATS 通信状态、与 TIMS 通信状态、PSD 使能信息、门使能信息、门关闭且锁闭状态、牵引制动联锁旁路状态、门牵引联锁状态、牵引/制动力、牵引/制动命令输出、牵引使能状态、故障号、TOD 和 VOBC 间的通信状态。

7. 接近传感器

列车两端都安装有一个接近传感器，用于检测安装在轨旁的接近盘。接近传感器向 VOBC 提供精确定位信息，标识列车准确停车于车站。

8. LTE 车载无线单元 TAU

列车两端都安装有一套车载无线单元 TAU，用于实现 VOBC 与轨旁设备的通信。

9. 车载安全网关 SDR

列车两端都安装有一个车载安全网关设备 SDR，用于实现通信报文的加密解密功能，保证报文的鉴定。

10. 与列车信息管理系统接口

司机显示单元（TOD）提供一个与列车信息管理系统（TCMS）的通信接口。VOBC 传送数据给 TCMS，包括进站信息、下一目的地和跳站信息等。

（二）故障现象及影响

1. 当系统出现以下故障现象判断为车载设备故障

（1）正常驾驶的 CBTC 列车紧急制动。

（2）多站列车 ATO 对标不准。

（3）司机显示屏单元黑屏、卡屏。

（4）VOBC 双端宕机。

（5）VOBC 与轨旁通信丢失。

2. 故障影响

列车无法以 CBTC 模式运行，列车能以后备模式或只能以 URM 模式运行，可能导致列车晚点、清客下线或救援，需按照 OCC 指令调整列车运营。若清客下线或救援，需做好车站人员疏散。

注意：列车转后备模式后，需等待 20 s 再越过前方开放的信号机。

（三）故障处置流程

1. 乘务处置流程

（1）列车紧制，司机确认 TOD 上显示图标 "？/0" "没有通信" 信息，汇报行调，按行调指示执行。

（2）若后备及 RM 模式无法动车，根据行调命令切除 ATC，凭地面信号显示以 URM 模式运行。

2. 调度处置流程

（1）行调接到司机故障报告后，令司机转后备模式或 RM 模式尝试动车。

（2）若无法动车时，令司机切除 ATC 以 URM 模式动车，故障列车位置距离终点站大于三站时，指令司机本站（区间列车运行至下一站）清客、退出服务，末班载客列车继续运营至终点。

（3）进行行车调整，向车站发布列车延误、行车调整信息。

3. 站务处置流程

（1）故障区域车站发现故障后及时汇报 OCC。

（2）车站做好列车延误广播的播放。

（3）做好乘客上下车及清客工作。

4. 通号处置流程

（1）列车紧制原因分析及处理方法。

分析：ATS 维护工作站若显示检测到外部 EB 命令，则判断为车辆施加紧制；反之，为信号专业请求施加紧制。

处理：车辆施加紧制，联系车辆进行分析处理；信号请求施加紧制，下载车载数据进行分析。

（2）列车 ATO 对标不准。

分析：若连续多站出现 ATO 对标不准，则判断为 TI 天线、TI 子架、接近传感器、VIM3 板卡故障或车辆接口故障。

处理：下载 LDC 数据分析，联系车辆协助处理。

（3）VOBC 双端宕机。

分析：列车出现紧急制动，且无法以信号模式动车，查看司机显示单元，若 TOD 上显示"？/0""没有通信"，可判断为 VOBC 故障或车辆接口故障。

处理：下载 LDC 数据分析，联系车辆协助处理。

（4）VOBC 与轨旁通信丢失。

分析：查看 ATS 维护工作站相关 VOBC 告警信息。

处理：查看 OBRU/SDR 状态，下载 DCS 数据分析，若正常则排查轨旁设备。

（5）司机显示单元黑屏、卡屏。

分析：查看 TOD，若黑屏不亮，可判断为黑屏故障；若 TOD 能正常工作，但点击屏幕失效，可判断为卡屏故障。

处理：初始化司机显示单元，若初始化不成功则排查 TOD。

故障十一　转辙机故障

（一）转辙机设备简介

道岔是指将一条铁路线分成两条或以上线路的轨道设备，其中信号的设备由转辙机、外锁闭部分组成。

1. S700K 交流电动转辙机介绍

S700K 交流电动转辙机的型号如图 2-37 所示。

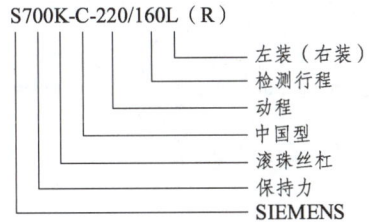

注：A7（8）奇数为左装，偶数为右装。高速铁路 A13G（14G）

图 2-37　S700K 电动转辙机型号解释

S700K 转辙机的组成如图 2-38 所示。

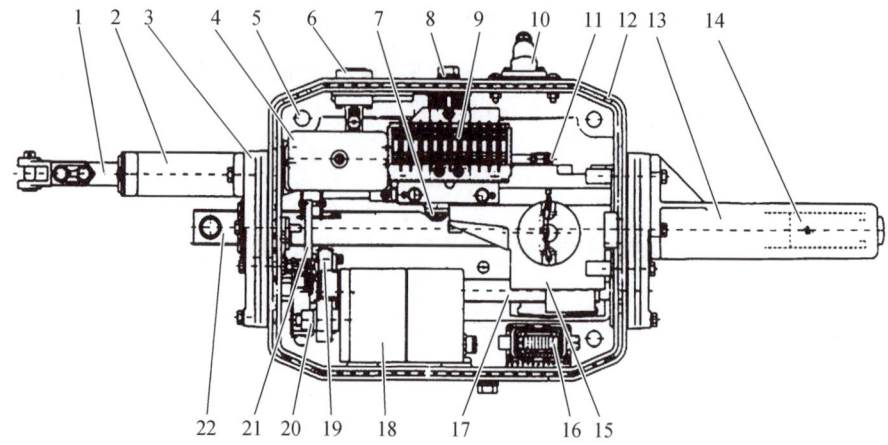

1—检测杆；2—导向套筒；3—导向法兰；4—遮断开关；5—地脚孔；6—开关锁；7—锁闭块；
8—接地螺栓；9—速动开关组；10—电缆密封装置；11—指示标；12—底壳；
13—动作杆罩筒；14—止挡片；15—保持器；16—插座；17—滚珠丝杠；
18—电机；19—摩擦联结器；20—摇把齿轮；21—连杆；22—动作杆。

图 2-38　S700K 转辙机组成部件

2. ZDJ9 交流电动转辙机介绍

ZDJ9 交流电动转辙机的型号解释如图 2-39 所示。

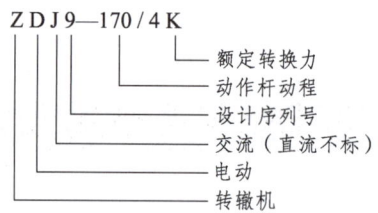

图 2-39　ZDJ9 交流电动转辙机型号解释

ZDJ9 交流电动转辙机的组成如图 2-40 所示。

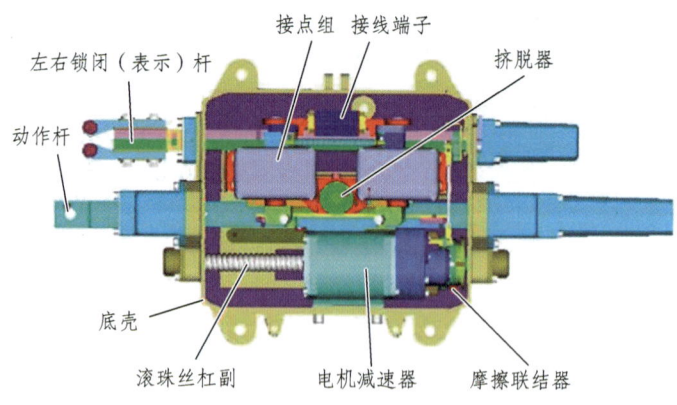

图 2-40　ZDJ9 交流电动转辙机组成部件

3. 外锁闭介绍

目前 3 号线采用的外锁闭装置是钩型外锁闭装置,由锁闭杆组件、锁钩组件、锁闭框组件、尖轨连接铁组成(见图 2-41)。

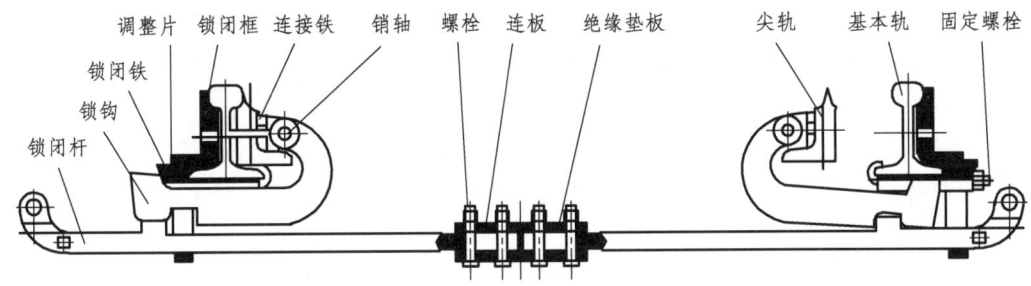

图 2-41 外锁闭装置组成部件

(二)故障现象及影响

1. 当系统出现以下故障现象判断为转辙机故障

(1)道岔无法转换或无法转换到位。
(2)道岔转换到位无法给出位置表示。
(3)道岔失去表示。

2. 故障影响

转辙机故障,将导致列车无法正常运行,可能导致列车晚点,须组织人员进行抢修。

(三)故障处置流程

1. 调度处置流程

(1)发现故障后,行调及时扣停相关列车,将故障道岔交人工模式后定/反位来回单操三次,同时通知车站做好人工进路的准备工作。
(2)如定位或反位有表示,变通折返进路满足运营条件时则利用该表示位置接发列车。
(3)如定位、反位均失去表示或该表示位无法满足运营条件,则令车站现场人工准备进路接发列车。
(4)令首列车司机 RM 模式限速 25 km/h 运行通过道岔故障区段。
(5)进行行车调整,向车站发布列车延误、行车调整信息。
(6)维调发布抢修令、发布短信。

2. 乘务处置流程

(1)按行调指令 RM 驾驶。
(2)越过引导信号或禁止信号时,注意"一灯一令"或"一区间一令"。

3. 站务处置流程

（1）故障区域车站发现故障后及时汇报 OCC。
（2）根据行调命令对失表道岔进行来回三次单操。
（3）如仍旧无法给出表示，车站根据行调命令进行人工准备进路。（如无需转换道岔，车站人员下轨行区前，行值将 ATS 转站控后预留途径道岔。）
（4）故障影响车站做好乘客解释工作及列车延误广播。
（5）车站根据规定流程播放退票广播，给予乘客退票，并发放致歉信。
（6）故障恢复后，根据 OCC 指令拆除道岔钩锁器。

4. 通号处置流程

运营期间发生故障后应第一时间恢复行车，根据初步排查结果能进行快速抢修的，经行调批准开展抢修，若运营期间不进行处理，做好现场保障工作。

（1）检查机械部分：
① 检查尖轨基本轨及外锁闭等外部环境。
② 检查转辙机内接点组、挤脱器、表示缺口等内部环境。
③ 检查道岔工况。

（2）测量电路部分：
在室外机械到位的前提下，测量电路的基本信息，具体参数参照表 2-2。

表 2-2 故障对照表

正常值				室内电源故障或断线故障			
转辙机位置	测量位置	交流	直流	转辙机位置	测量位置	交流	直流
定位	X2 与 X1、X4	55～62 V	19～22 V	定位	X2 与 X1	0 V	0 V
反位	X3 与 X1、X5	55～62 V	19～22 V	反位	X3 与 X1	0 V	0 V
定反都为此值	BD3-4	220 V	—	定位 X4、反位 X5 断线及延长线断线			
	BD52-62	110 V	—	转辙机位置	测量位置	交流	直流
室外断线故障				定位(故障点在室内)	X2 对 X1	69 V 左右	35 V 左右
转辙机位置	测量位置	交流	直流		X2 与 X4	69 V 左右	35 V 左右
定位	X2 对 X1、X3、X4 之间	110 V	0 V	定位(故障点在室外)	X2 对 X1	69 V 左右	35 V 左右
反位	X3 与 X1、X2、X5 之间	110 V	0 V		X2 与 X4	0	0
室外混线(短路)				反位(故障点在室内)	X3 对 X1	69 V 左右	35 V 左右
转辙机位置	测量位置	交流	直流		X3 与 X5	69 V 左右	35 V 左右
定位	X2 与 X1	0～8 V	0 V	反位(故障点在室外)	X3 对 X1	69 V 左右	35 V 左右
反位	X3 与 X1	0～8 V	0 V		X3 与 X5	0	0
定反都为此值	R1	110 V	—				

故障十二　计轴故障

（一）计轴设备简介

计轴系统的工作是基于统计车轴的原理，在需要监测的区段两端分别设置计轴点，计轴点与室内主机连接，计轴主机处理来自磁头点的信息。若进入区段的轴数和离开区间的轴数相同，则计轴系统给出区段空闲提示；反之，提示占用。

本系统采用泰雷兹 AzLM 型计轴系统，由室内 ACE 计轴主机和室外轨旁计轴设备 Zp30K 组成。轨旁计轴设备包括轨道传感器 Sk30K 和 EAK 电子单元 EAK30K。室内计轴主机与室外计轴点之间采用 ISDN 数据通信，电源与数据可共线传输（见图 2-42）。

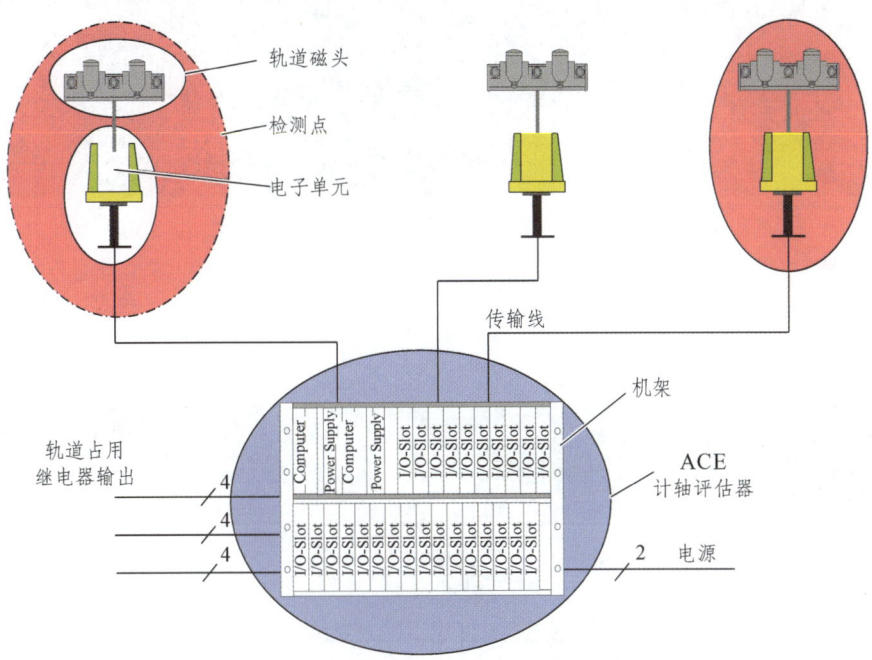

图 2-42　AZLM 系统构成示意图

室内设备(ACE 计轴主机)：包括安全计算机模块（2 取 2）、电源、串行 I/O、并行 I/O、电源数据耦合单元（PDCU）。

室外设备(ZP30K)：包括轨道磁头（SK30K）、车轴检测器（室外电子单元 E-Es30K）。

轨旁电子单元与计轴主机之间通过计轴通信电缆相连，使用的数据传输方式为 ISDN 数据通信。

1. 计轴主机

计轴主机外观如图 2-43 所示。

图 2-43 计轴主机

2. 计轴磁头

AzLM 型计轴系统室外设备型号为 Zp30K（见图 2-44）。

图 2-44　Zp30K

3. EAK 电子单元

EAK 电子单元的外观和内部结构如图 2-45 所示。

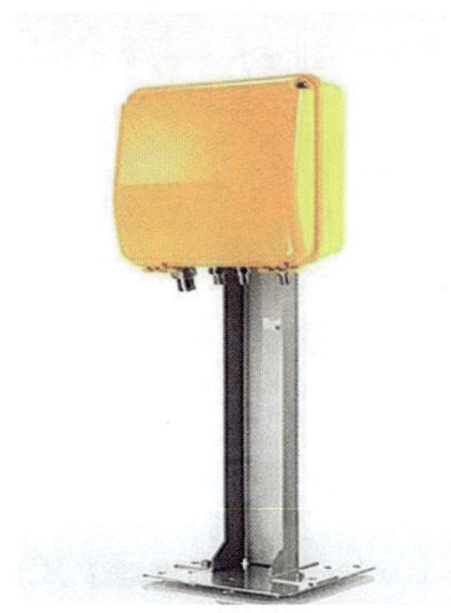

图 2-45　EAK30K

（二）故障现象及影响

1. 当系统出现以下故障现象判断为计轴故障

（1）单个或多个计轴故障显示橙光带或红光带。
（2）计轴主机所管辖的全部计轴显示橙光带。
（3）单个、多个或全场计轴显示红光带（车场）。

2. 故障影响

当计轴设备无法正常工作时，会失去对轨道区段的自动监督功能，无法判别区段正常占用或出清，可能导致列车晚点，需按照 OCC 指令调整列车运营。计轴系统的故障一般会表现在与之相连的 ATS 系统人机界面和微机监测告警信息中。

橙光带不影响 CBTC 行车，处置人员到现场后马上进行设备重启，通号人员确认设备具备预复位条件时通知调度，调度通知车站进行预复位操作，组织列车清扫。橙光带故障处置最为简单、安全，第一时间处置可以避免升级为带 NCO，影响正常行车组织。

而对于潜在造成橙光带变为带 NCO 的不利场景，可以通过以下措施进行规避或消除。
（1）橙光带故障未完成处理前，调度应安排列车从未发生故障的一侧出入段。
（2）列车出库时，需保证出入段线与相邻折返线同一时间只允许存在一列车。

（3）严禁出库列车在转换轨不停车进入正线。

（4）非通信列车在恢复通信后需在前方站线或折返线进行精准停车。

（5）非通信列车接近故障区段后，橙光带会升级为带 NCO，沿途信号机会被点亮，禁止非通信列车通过该故障计轴区段（视情况提前清客、退出服务或小交路）。

（三）故障处置流程

1. 调度处置流程

（1）单个或多个计轴故障出现橙光带或红光带（受扰或故障占用）。

① 发现故障后，确认区段空闲后，行调或令车站进行预复位操作。

② 确认预复位成功后，组织 CBTC 模式列车对故障计轴进行清扫，若故障未消除重新进行预复位、清扫。

③ 如计轴主机故障显示橙光带，接到通号专业计轴主机重启通知后，组织预复位操作。

④ 如果计轴受扰变为 NCO，按（2）中的规定处理。

（2）单个、多个或全场计轴受干扰造成计轴区域出现 NCO "▂▂▂▂▂" 或红光带的处理

① 发现故障后，无需转换道岔组织行车时，确认该区段空闲后，行调或令车站进行预复位操作，组织列车清扫；若清扫不成功，再重新对故障计轴进行预复位操作，组织列车清扫。

② 需转换道岔组织行车时，令车站人工办理进路。确认该区段空闲后，行调或令车站进行预复位操作，组织列车清扫，确认列车出清且 NCO 消失，进行转换道岔的相关操作。若清扫不成功，再重新对故障计轴进行预复位操作。

（3）进行行车调整，向车站发布列车延误、行车调整信息。

（4）维调发布抢修令、发布短信。

2. 乘务处置流程

（1）按行调命令维持 CBTC-ATP/ATO 模式（橙光带）或转 RM 模式（带 NCO 的橙光带）动车，RM 模式下凭地面信号显示行车。

（2）越过引导信号或禁止信号时，注意"一灯一令"或"一区间一令"。

（3）手动开关站台门、车门，必须先上站台后开门，如使用强行开门，操作完毕必须恢复。

3. 站务处置流程

（1）故障区域车站发现故障后及时汇报 OCC。

(2)按行调指令进行人工准备进路或计轴预复位工作。

(3)故障恢复后,根据OCC指令拆除道岔钩锁器。

(4)配合做好各专业抢修工作。

(5)车站做好站台乘客引导和安全防护工作。

(6)抢修结束接抢修负责人故障修复的通知汇报行调。

(7)接到行调恢复正常行车通知后,车站恢复正常行车、客运组织,并加强列车运行监控。

4. 通号处置流程

(1)查看HMI显示单个或多个但不连续的区段橙光带(正线)/红光带(车场)。

① 分析:查看GDI,若对应并口板显红,则判断为并口板故障。

处理:更换对应区段并口板。

② 分析:若并口板显示正常,测量对应区段保险不通,则判断为保险熔断。

处理:更换对应区段保险丝。

(2)查看HMI显示多个连续区段(但不是全部区段)橙光带(正线)/红光带(车场)。

① 分析:查看对应串口板,若显红,则判断为串口板故障。

处理:更换对应串口板。

② 分析:若串口板显示正常,对应计轴点保险管显红,则判断为保险管故障。

处理:更换对应计轴点保险管。

③ 分析:保险管显示正常,检查对应区段室外EAK板卡,若为红灯,则判断为EAK板卡故障。

处理:更换EAK板卡。

④ 分析:测量计轴磁头参数,若超出标准范围,则判断为磁头故障。

处理:重新调整磁头参数或更换磁头。

(3)查看HMI显示站场全部区段或上/下行区段橙光带(正线)/红光带(车场)。

① 分析:查看电源板指示灯,若工作灯不亮,则判断为电源故障。

处理:更换电源板或排查主机输入电源,参照计轴主机电源故障排查方法。

② 分析:查看电源板指示灯,若显示正常,再查看CPU板卡;若轮巡灯卡死,则判断为CPU板卡故障。

处理:更换CPU板卡。

注意事项:计轴故障处理完毕后需做计轴复位。

故障十三　PMI联锁设备故障

（一）PMI联锁系统简介

PMI联锁系统的核心为"2取2"（2002）冗余系统，系统的安全处理基于"2取2"的MCCS安全架构（见图2-46、图2-47）。其主要功能是控制和监督轨旁设备，保证所有列车安全运行。

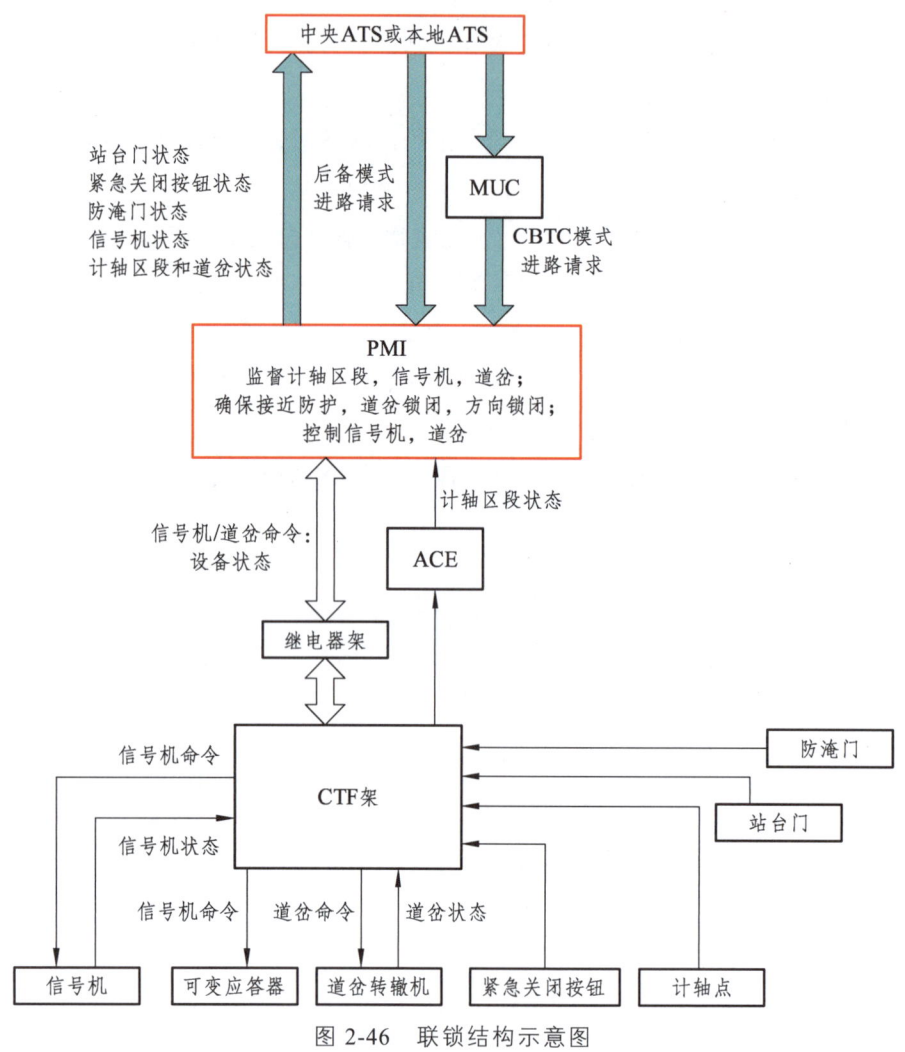

图2-46　联锁结构示意图

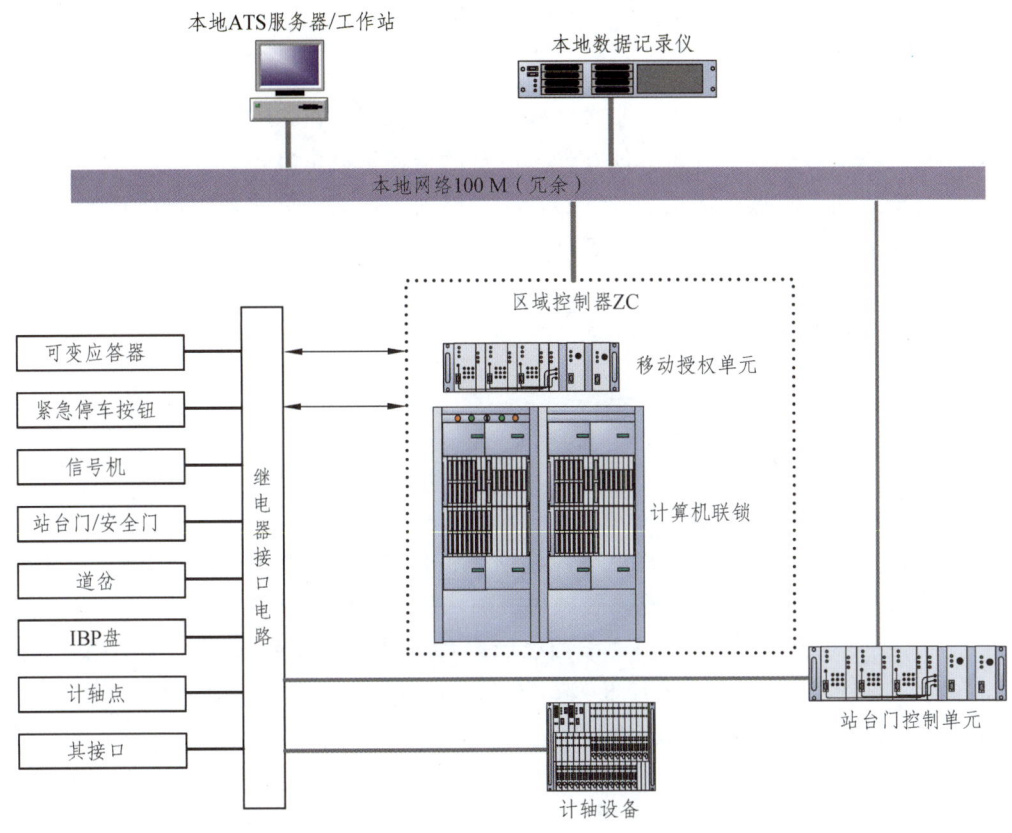

图 2-47　PMI 联锁系统连接图

(二) 故障现象及影响

1. 当系统出现以下故障现象判断为联锁故障

(1) 列车在受影响区域停车（可能在紧急制动状态）。

(2) 接近此联锁区的列车以常用制动或者紧急制动停车。

(3) 两台 SCOM 同时故障时，ATS 工作站上 PMI 状态栏下半部分显示红色 " PMI-XXX "；两台 MEI 同时故障：PMI 状态栏下半部分显示明黄色 " PMI-TYG "。

(4) 故障区域内的 LMA/AMT 进路变为预留进路，运行的受控列车产生紧制，通信定位正常的列车保留小车标记及当前模式。

注意：通信定位正常的列车小车图标位置可作为参考，但严禁作为定位依据。

(5) 列车占用光带、信号机、道岔均定格在最后时刻，全区段产生 NCO，站台门、防淹门对应的轨道关闭 " "。

(6) 10 s 后，ATS 工作站上 ZC 状态栏下半部分显红色 " ZC-XXX "，信号机状态显示未知"⬛"，全区段的 NCO、列车占用光带、预留进路全都消失。

（7）维护、监测终端产生报警。

2. 故障影响

联锁控制区域内的信号设备、非通信列车将无法监控，在 CBTC 模式下的列车实施紧急制动，紧急制动缓解后，列车只能在调度人员的指挥下以 RM 模式或 URM 模式通过该区域，可能导致列车晚点，需按照 OCC 指令调整列车运营。列车驶出该故障区域，进入正常区段，在满足一定条件后，列车可恢复至 CBTC 模式运行。

（三）故障处置流程

1. 调度处置流程

（1）两台 MEI 或 SCOM 同时故障时，故障影响区域内采用电话闭塞法组织行车。
① 列车定位。
a. 一名行调根据列车运行图确认故障联锁区相邻联锁区内的列车车次，初步判断出故障区域内的列车顺序及数量，与故障区域司机确认列车准确位置。
b. 另一名行调与车站值班员核对故障区域内在站列车信息及区间列车顺序及数量。
c. 两名行调相互核对列车顺序及列车数量，确认两者一致后向车站发布列车定位信息，若不一致，重复上述列车定位流程。
d. 向车站发布列车定位信息后，由其他调度员协助在综合信息布置图上揭挂列车具体位置。
e. 若列车前方无道岔且进路空闲后，行调优先组织列车进站，若列车前方有道岔，行调应待进路准备完毕后组织列车进站。
② 准备进路。
a. 优先准备列车运行前方有道岔的进路，进路准备完毕、人员出清后将区间迫停列车组织至前方站。用语：将×号道岔钩锁至××位，人员工器具出清（到达安全避让点）报行调。
b. 故障联锁区进路全部准备完毕（准备××至××站上/下行进路，人员工器具出清后汇报行调），所有列车均到达站线或折返线，值班主任/调度长、行调、司机、车站确认无误后，采用电话闭塞法。
（2）进行行车调整，向车站发布列车延误、行车调整信息。
（3）维调发布抢修令、发布短信。

2. 乘务处置流程

（1）根据行调命令采用电话闭塞法模式运行。
（2）按行调指令运行至正常区域恢复 CBTC 模式运行。

3. 站务处置流程

（1）故障区域车站发现故障后及时汇报 OCC。
（2）车站根据行调命令进行人工准备进路。
（3）故障影响车站做好乘客解释工作及列车延误广播。
（4）根据 OCC 命令故障影响区域车站启用电话闭塞法组织行车。
（5）车站根据规定流程播放退票广播，给予乘客退票，并发放致歉信。
（6）故障恢复后，根据 OCC 指令拆除道岔钩锁器。

4. 通号处置流程

（1）ATS 工作站界面显示 PMI-×××显红，站台轨道关闭。
①分析：查看 PMI-CDG 工作灯状态，若双机状态工作灯均灭灯，则为 MEI 模块故障。
处理：重启 PMI A/B 机，若重启未恢复则更换 MEI 模块。
②分析：查看 PMI-CDG 工作灯状态，若双机状态工作灯均亮灯，则为 SCOM 故障。
处理：重启 SCOM，若重启未恢复则更换 SCOM。
③分析：查看所有指示灯灭灯，排查 PMI 相关电源。
处理：排查 PMI 输入电源，参考 PMI 输入电源故障排查方法。
注意：重启 PMI 正常后，故障区域存在临时限速 15 km/h，需手动解除临时限速。

故障十四 ATS 设备故障

（一）ATS 设备简介

ATS 子系统是一个分布式的计算机监控系统，主要分布于控制中心、正线设备集中站、正线非设备集中站、停车场和车辆段，系统采用热备冗余的方式，保证系统有高度的可用性。SRS 服务器是 ATS 子系统的重要组成部分，放置在 OCC 信号设备室，共有 SRS01 和 SRS02 两台服务器。SRS 服务器采用双机热备方式工作，主机故障时备机自动激活，且均由 VLAN 连接至骨干网（见图 2-48、图 2-49）。

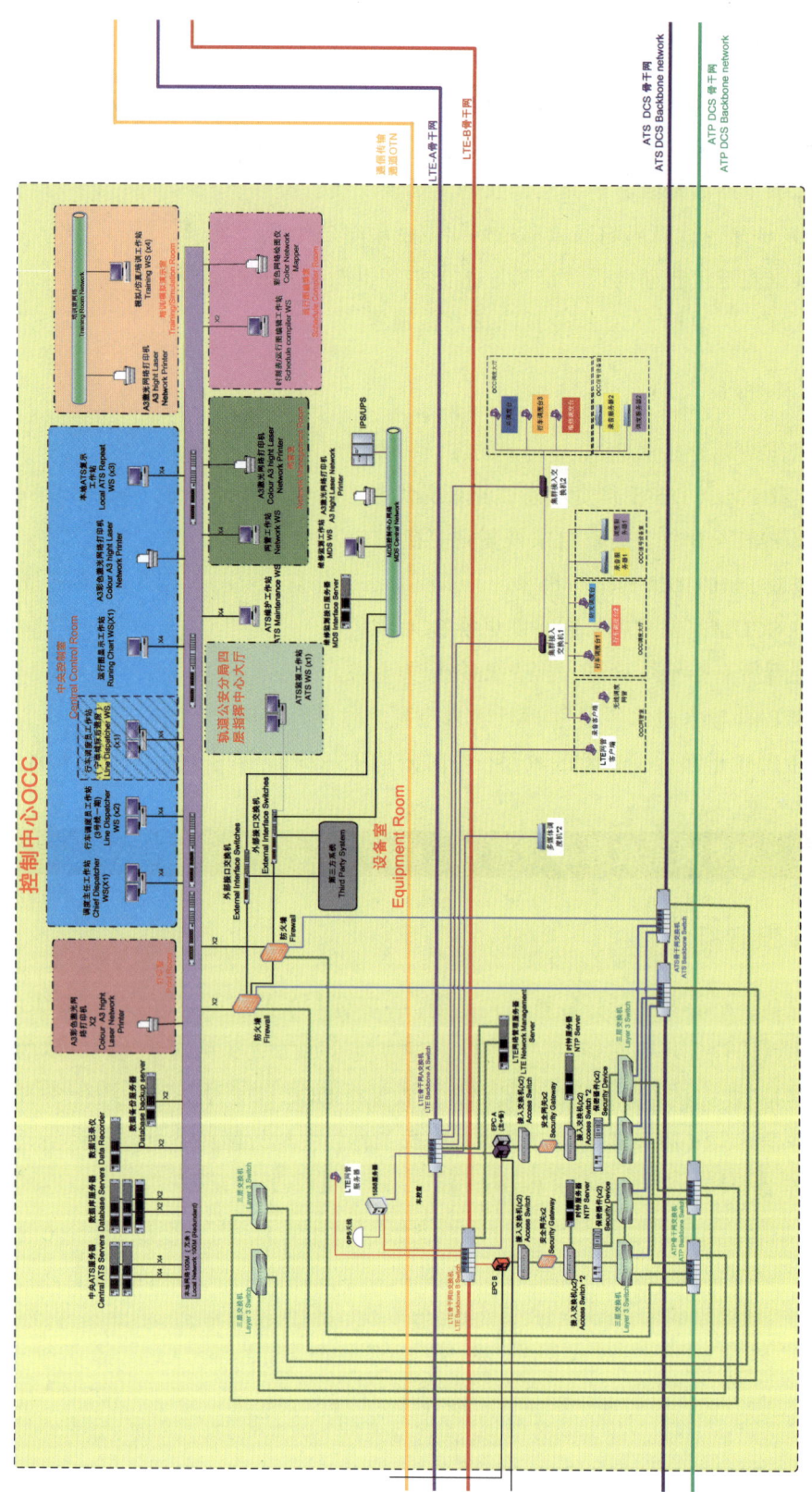

图 2-48 控制中心 ATS 子系统结构示意图

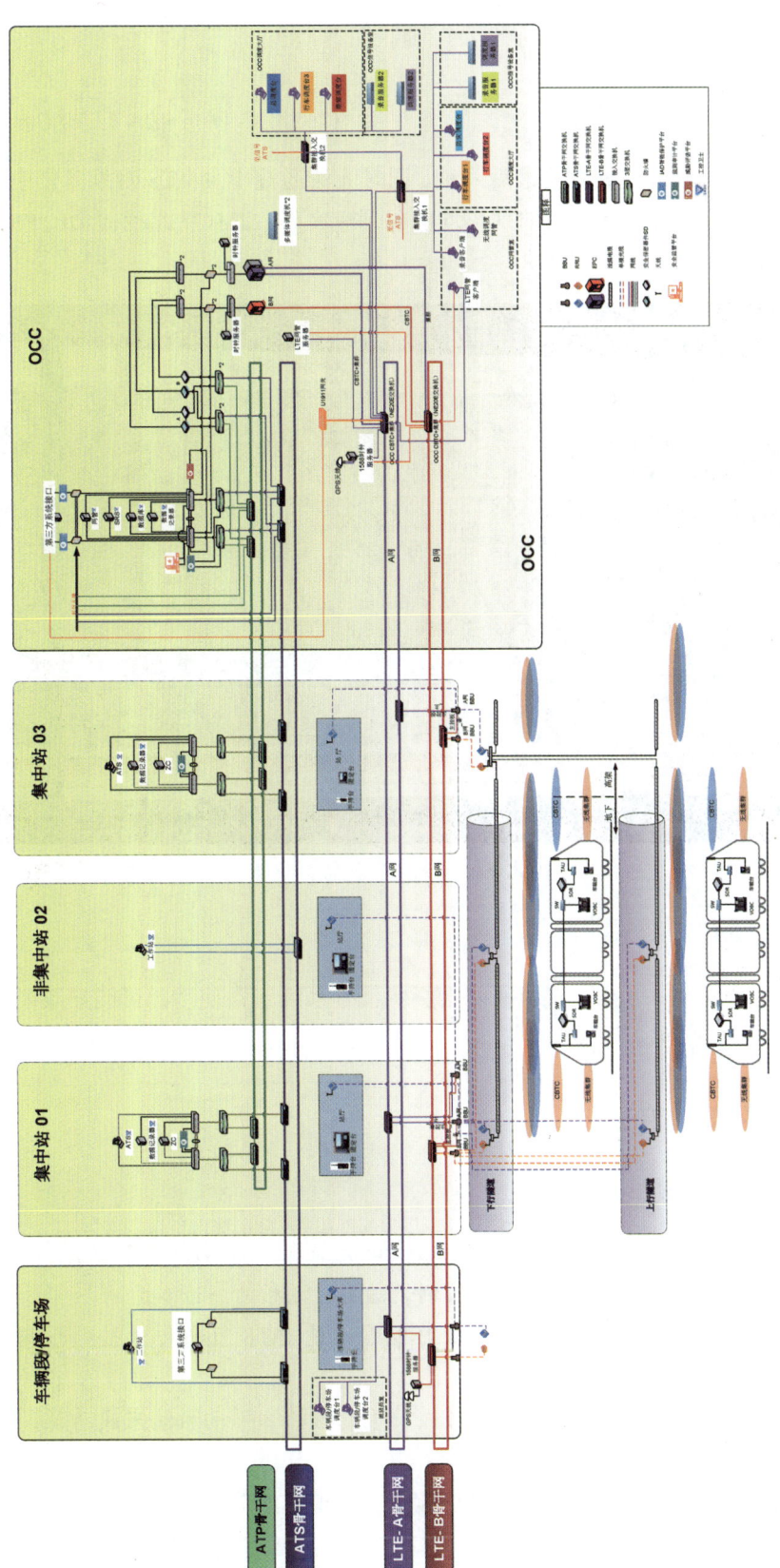

图 2-49 SRS 服务器系统连接示意图

(二)故障现象及影响

1. 当系统出现以下故障现象判断为中央 ATS 服务器(SRS)双机故障

ATS 画面显示定格在故障前最后一刻,同时无法通过中央 ATS 对故障集中站内的列车进行 ATS 功能操作,故障区段内的列车均能收到速度码。MMI 状态栏的 DL、SRS1、SRS2、ZC、PMI 状态均显红(见图 2-50)。

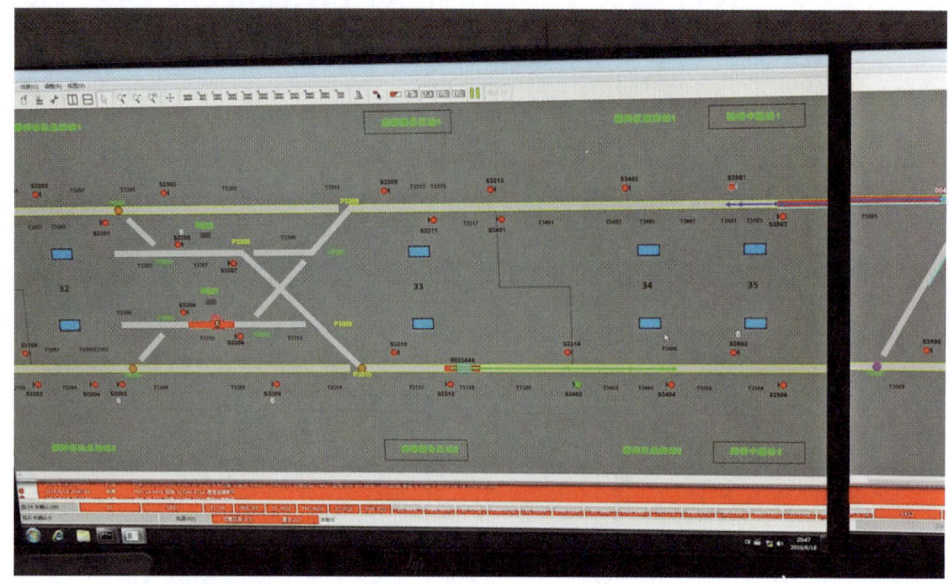

图 2-50　MMI 上状态栏显示

2. 故障影响

中央 ATS 服务器(SRS)双机故障会影响信号系统正常使用,可能导致列车晚点,需按照 OCC 指令调整列车运营。

(三)故障处理流程

1. 调度处置流程

(1)发现故障后,行调通知设备集中站值班员确认本地 ATS 工作站上的 LSRS 是否激活(10 s),当 LSRS 激活时,确认当日时刻表是否自动激活。若本地 ATS 工作站未自动加载当天执行的时刻表或对于非通信列车,车站在本地 ATS 工作站上按照行调命令排列进路、人工分配运行线或班次。

(2)LSRS 未自动激活时,通知站务人员手动激活,手动激活未成功时,采用电话闭塞法行车。

(3)进行行车调整,向车站发布列车延误、行车调整信息。

(4)维调发布抢修令、发布短信。

2. 乘务处置流程

（1）及时向行调报告列车位置信息。
（2）按行调命令动车。

3. 站务处置流程

（1）故障区域车站发现故障后及时汇报 OCC。
（2）车站做好乘客解释工作及列车延误广播。
（3）按照行调命令排列进路、人工分配运行线或班次。
（4）根据 OCC 命令，故障影响区域车站启用电话闭塞法组织行车。
（5）车站根据规定流程播放退票广播，给予乘客退票，并发放致歉信。

4. 通号处置流程

（1）查看 ATS 维护台系统状态，SRS1、SRS2 同时故障，且 DCS 客户端 OCC 内部网络 SRS ping 未停机。

分析：检查 SRS 服务器软件运行状态，若软件退出或软件未正常运行、卡滞，则判断为 SRS 软件故障。

处理：重启 SRS 服务器主备机软件，若重启恢复，则在运营结束后进行排查。

（2）查看 ATS 维护台系统状态，SRS1、SRS2 同时故障，且 DCS 客户端 OCC 内部网络 SRS ping 停机。

① 分析：检查 SRS 服务器工作状态，若 SRS 服务器主备机电源灯灭，则判断为 SRS 主备机故障。

处理：排查 SRS 服务器电源，重启 SRS 服务器主备机，若重启恢复，则在运营结束后进行排查；若未恢复则更换服务器主机。

② 分析：检查 SRS 服务器网口指示灯，若 SRS 网口指示灯灭，则判断为通信链路故障。

处理：对网线、网卡进行紧固，若故障还未恢复，则更换对应的网线、网卡、服务器。

③ 若无上述问题，则判断为内部硬件故障。

处理：排查服务器硬件并更换相应的硬件。

故障十五 DCS 设备故障

（一）DCS 设备简介

DCS 为 CBTC 信号系统专用通信网络，采用独立组网方式，不与外界网络发生直接关联与通信。数据通信系统管理所有的通信连接，主要由三部分组成：有线网络（包括骨干网和接入网）、无线网络（采用技术成熟且稳定可靠的 TD-LTE 技术）、网络管理系统（NMS，使用标准的 SNMP 协议）。

1. 有线网络

DCS 有线网络由骨干网和接入网两部分组成。

1）骨干网光缆结构

骨干以太网包含 ATP 轨旁骨干网、ATS 轨旁骨干网和 LTE 骨干网。有线骨干交换机提供标准的 100 M/1000 M 以太网接口，遵循 802.3 标准，网络层和传输层采用 UDP/IP 协议。

2）ATP 与 ATS 骨干网组成

ATP 骨干网只在设备集中站、控制中心部署。ATP 骨干网在集中站和控制中心采用单站双节点冗余备份的方式组网，即在控制中心和每个设备集中站均部署两台网络设备。ATP 骨干网采用二层组网以及 Hyper Ring 环网收敛技术，满足在环网链路和节点故障情况下快速自愈，收敛时间小于 50 ms。

ATS 骨干网在设备集中站、非设备集中站、车辆段、控制中心均有部署。ATS 骨干网在集中站和控制中心采用冗余备份的方式组网。ATS 骨干网也采用二层组网，同样也采用 Hyper Ring 环网收敛技术，满足在环网链路和节点故障情况下能快速自愈，收敛时间小于 50 ms。

ATP 骨干网和 ATS 骨干网通过三层交换机进行通信。三层交换机也用于与 LTE 骨干网进行信息交互。三层交换机一般部署在控制中心和设备集中站。

3）轨旁接入网

轨旁接入网络主要由接入交换机和三层交换机组成。在设备集中站、控制中心的 ATP 系统设备、ATS 系统设备采用双归方式接入冗余接入交换机，冗余的接入交换机分别接入不同的三层交换机，同时在三层交换机上配置网关，启用 VRRP，由三层交换机通过路由将 ATP、ATS 业务报文发送到 ATP 骨干环网或 ATS 骨干环网（见图 2-51）。

2. 无线网络

车-地无线网络为车-地之间的数据交换提供双向、快速、可靠、安全的传输通道。无线传输采用技术成熟且稳定可靠的 TD-LTE 技术。

TD-LTE 系统由核心网、基站系统和车载终端组成，其中基站系统由 BBU（基带单元）和 RRU（远端射频单元）组成。TD-LTE 系统采用冗余设计架构，因此需要考虑采用 A/B 双网覆盖方案。A/B 双网采用独立网络方式，每张网都由核心网和基站设备组成。集群业务的冗余体现在 A 网中的主备核心网。

TD-LTE 系统核心网设备部署在控制中心和车辆段，上端业务接口与三层交换机相连，进而与 ATP、ATS 骨干网环连通，继而连接到地面信号系统各子系统设备。核心网通过 S1 接口与基站系统的 BBU 相连。BBU 通过光纤与 RRU 相连接，基站的天馈接口通过电桥汇接后与漏缆或天线连接，实现无线信号的覆盖。A/B 双网的 RRU 同站址部署，采用电桥合路，线路区间及高架采用轨旁漏缆实现覆盖，在车库区域、试车线等地上区域则采用天线

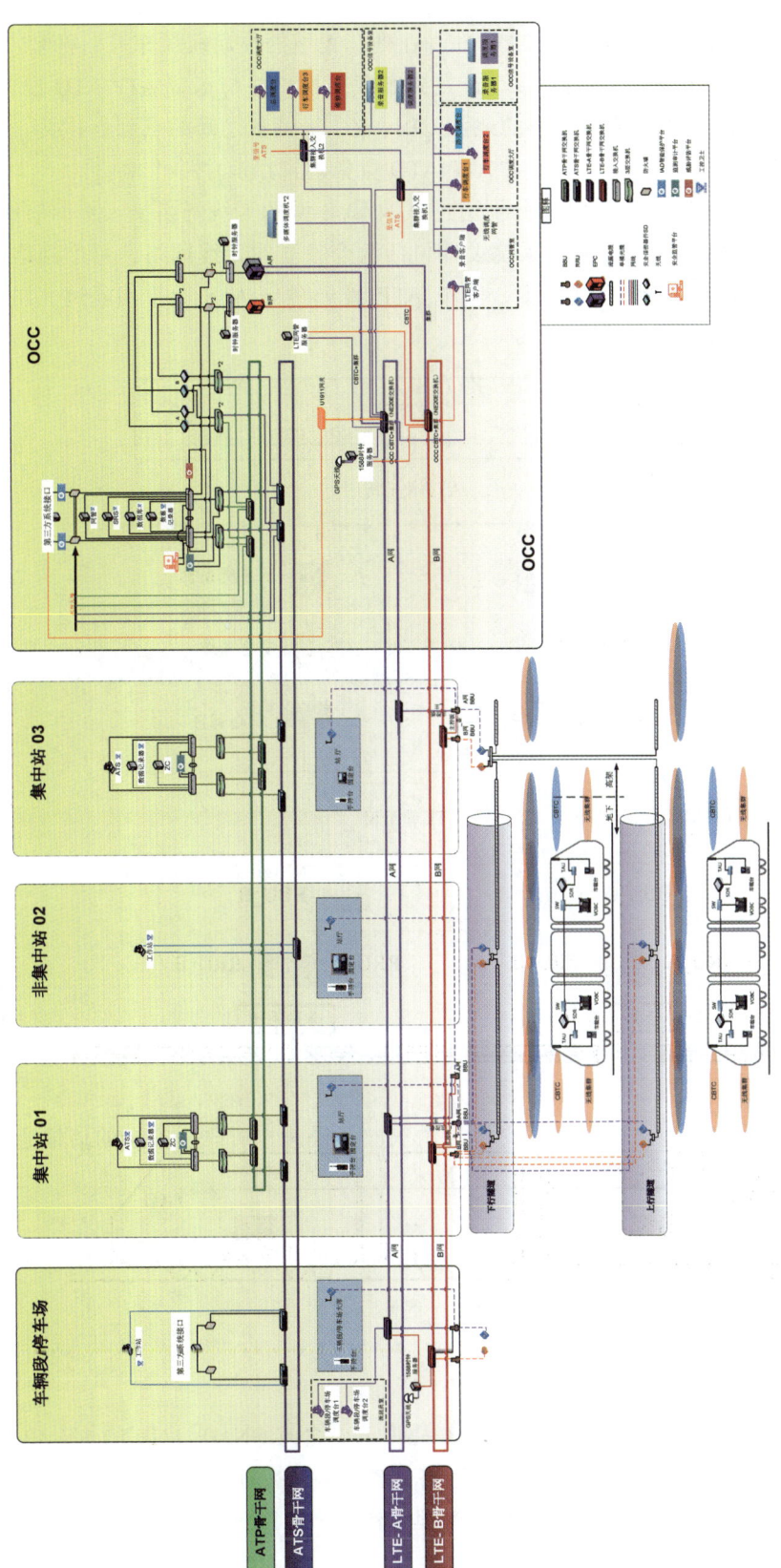

图 2-51 DCS 系统网络架构图

实现覆盖。TD-LTE 系统的车载终端 TAU 部署在列车编组的前后司机车厢，两套 TAU 分别属于 A 网和 B 网。TAU 通过以太网接口连接到车载交换机并与车载 ATP/ATO 设备连接，从而建立了车载 ATP/ATO 到信号系统的地面 CBI、ZC 等设备之间的点到点连接。车载终端 TAU 可以提供 4 个以太网接口，车载 ATP/ATO 业务将选用其中一个端口。

列车在轨行区运行时，两个 TAU 分别通过 A 网和 B 网的无线网络接入地面有线网络，实现车-地无线通信链路冗余。DCS 系统设计包括两个独立的无线网络，每个网络都有上述冗余。同时有线骨干网采用环网技术，其中 ATP 骨干网与 ATS 骨干网通过三层交换机实现相互冗余（见图 2-52）。

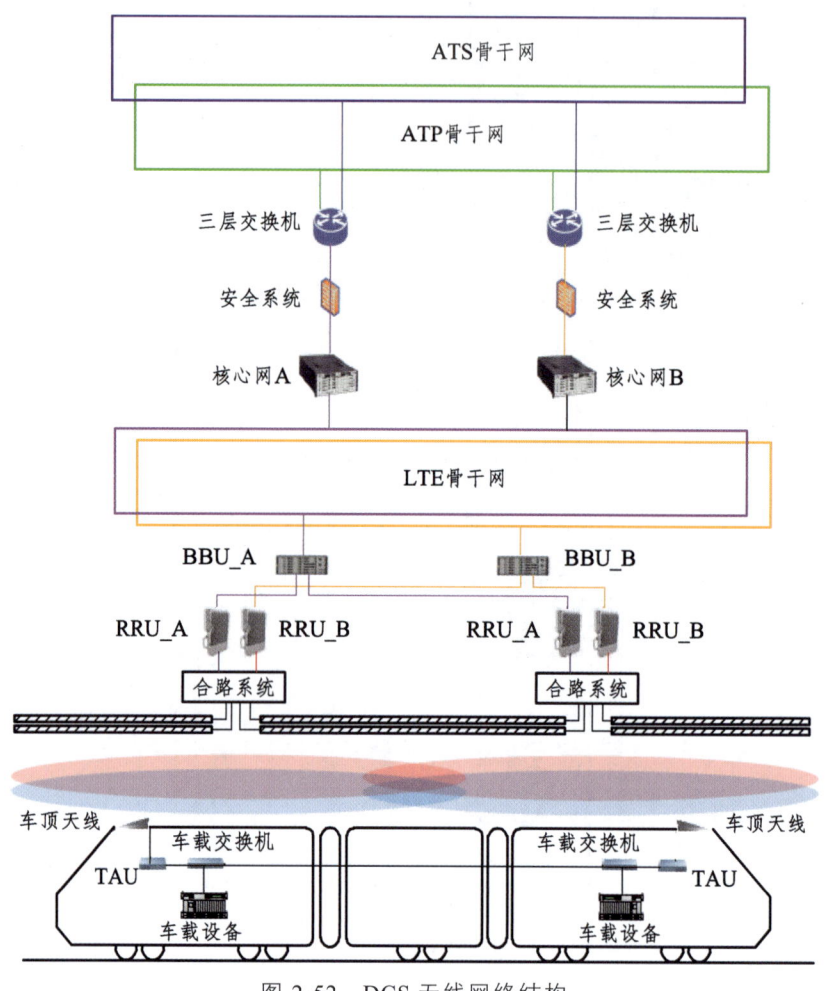

图 2-52　DCS 无线网络结构

3. 网络管理

网络管理系统（NMS）使用标准的 SNMP 协议，由含有 SNMP MIB 的 SNMP 代理组成。网络中支持 SNMP 控制（装有 MIB）的网络设备有：交换机、防火墙、服务器工作站。DCS 的网络管理系统服务是通过在网络管理工作站上运行一个工业标准管理系统来实现的。为了实现冗余，或者从控制中心以外的其他地方进行访问，DCS 可以连接两个及以上的网管 DCS 服务器/客户端 DCS 网管系统利用 SNMP 协议与 DCS 网络上的所有管理节点进行通信，并维护数据库和网络拓扑图，且始终显示节点和链接状况（见图 2-53）。

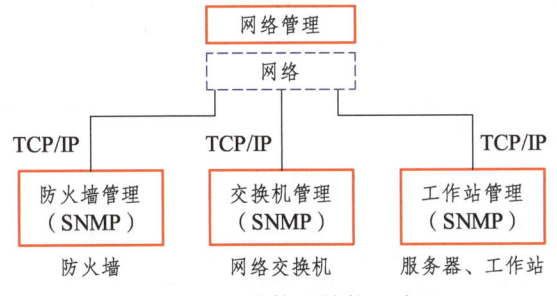

图 2-53 网络管理结构示意图

网管工作站设置在控制中心和维修中心，接有打印机。该工作站将使用基于 SNMP 的监控软件，对软件中定义的所有设备以预先设定的时间间隔轮询。采集到的数据将保存在监控工作站上，并根据需要显示。控制中心的打印机可以用于打印报告和诊断屏幕。

除了中央管理，还可以利用一个终端应用程序（如"超级终端"）通过一个串行端口对网络设备进行访问。通过终端可以执行的功能有：设备参数配置、软件升级、诊断和监测。

交换机、防火墙、服务器/工作站内均嵌有 SNMP 的代理，使任何标准的 SNMP 管理站都能对其进行有效的诊断和修复。

（二）故障现象及影响

1. 当系统出现以下故障现象判断为 DCS 故障

（1）故障区域内受控列车丢失通信产生紧制，ATS 与 MAU 通信丢失。

（2）中央 ATS 工作站显示某一联锁控区灰显，但该联锁控区本地 ATS 工作站显示正常，并连接 LSRS。

2. 故障影响

DCS 设备故障会影响信号系统正常使用，导致中央无法接收某一控区信息，列车无法在规定时间内收到 LMA 更新信息，CBTC 驾驶模式受到影响，可能导致列车晚点，须进行抢修救援时的应急处置。

注意：列车转后备模式后，需等待 20 s 再越过前方开放的信号机。

（三）故障处理流程

1. 调度处置流程

（1）发现故障后，行调令故障区段内列车转强制 RM 模式动车，收到速度码后以后备模式运行，运行至正常区域的第一站时恢复至 CBTC 模式运行。

（2）令故障区域外的列车在进入故障区域的前一个车站（即正常区域的最后一个车站）转至强制点式 RM 模式确认信号动车，升级后以后备模式运行。

（3）进行行车调整，向车站发布列车延误、行车调整信息。

（4）维调发布抢修令、发布短信。

2. 乘务处置流程

（1）按行调指令，故障区段内列车转后备模式运行，若区间紧制，则按行调命令以 RM 进站时，手动开关站台门、车门。

（2）按行调指令运行至正常区域恢复 CBTC 模式运行。

3. 站务处置流程

（1）故障区域车站发现故障后及时汇报 OCC。

（2）故障影响车站做好乘客解释工作及列车延误广播。

（3）车站根据规定流程播放退票广播，给予乘客退票，并发放致歉信。

4. 通号处置流程

（1）查看 ATS 维护台系统状态，SRS1、SRS2 连接正常，且 DCS 客户端 OCC 安全设备 4 台 SD 服务器停机。

① 分析：查看机房环境温度，若温、湿度异常，则判断为机房环境异常。

处理：重启 SD 服务器，对机房进行降温、除湿处理；若设备重启不成功，则更换服务器。

② 分析：检查相应服务器工作状态，若服务器电源灯灭，则判断为服务器电源相关故障。

处理：重启服务器，若重启恢复则在运营结束后进行排查；若未恢复则更换服务器。

③ 分析：检查服务器网口指示灯，若服务器网口指示灯灭，则判断为通信链路故障。

处理：对网线进行紧固，若故障还未恢复，则更换对应的网线。

④ 分析：若无上述问题，则判断为内部硬件故障。

处理：排查 SD 服务器硬件并更换相应的硬件。

（2）查看 ATS 维护台系统状态，SRS1、SRS2 连接正常，且 DCS 客户端 ATS/ATP 骨干网 4 台交换机全部停机。

① 分析：查看机房环境温度，若温、湿度异常，则判断为机房环境异常。

处理：重启相应交换机，对机房进行降温、除湿处理；若设备重启不成功，则更换服务器。

② 分析：检查相应交换机工作状态，若交换机电源灯灭，则判断为交换机电源相关故障。

处理：重启交换机，若重启恢复则在运营结束后进行排查；若未恢复则更换交换机。

③ 分析：检查交换机网口指示灯，若交换机网口指示灯灭，则判断为通信链路故障。

处理：对网线进行紧固，若故障还未恢复，则更换对应的网线。

④ 分析：若无上述问题，则判断为内部硬件故障。

处理：排查交换机硬件并更换相应的硬件。

（3）查看 ATS 维护台系统状态 SRS1、SRS2 连接正常，且 DCS 客户端 4 台三层交换机（L3 SW 01A、02A、01B、02B）全部停机。

① 分析：查看机房环境温度，若温、湿度异常，则判断为机房环境异常。

处理：重启相应交换机，对机房进行降温、除湿处理；若设备重启不成功，则更换服务器。

② 分析：检查相应交换机工作状态，若交换机电源灯灭，则判断为交换机电源相关故障。

处理：重启交换机，若重启恢复则在运营结束后进行排查；若未恢复则更换交换机。

③ 分析：检查交换机网口指示灯，若交换机网口指示灯灭，则判断为通信链路故障。

处理：对网线进行紧固，若故障还未恢复，更换对应的网线。

④ 分析：若无上述问题，则判断为内部硬件故障。

处理：排查交换机硬件并更换相应的硬件。

（4）查看 ATS 维护台系统状态 SRS1、SRS2 连接正常，且 DCS 客户端 4 台 FW 服务器（FW01A、FW02A、FW01B、FW02B）全部停机。

① 分析：查看机房环境温度，若温、湿度异常，则判断为机房环境异常。

处理：重启 FW 服务器，对机房进行降温、除湿处理；若设备重启不成功，则更换服务器。

② 分析：检查相应 FW 服务器工作状态，若 FW 电源灯灭，则判断为 FW 电源相关故障。

处理：重启防火墙，若重启恢复，则在运营结束后进行排查；若未恢复，则更换防火墙。

③ 分析：检查 FW 网口指示灯，若交换机网口指示灯灭，则判断为通信链路故障。

处理：对网线进行紧固，若故障还未恢复，则更换对应的网线。

④ 分析：若无上述问题，则判断为内部硬件故障。

处理：排查 FW 硬件并更换相应的硬件。

（5）查看 DCS 客户端接入交换机，03、04、05、06 均停机。

① 分析：查看机房环境温度，若温、湿度异常，则判断为机房环境异常。

处理：重启相应交换机，对机房进行降温、除湿处理；若设备重启不成功，则更换服务器。

② 分析：检查相应交换机工作状态，若交换机电源灯灭，则判断为交换机电源相关故障。

处理：重启交换机，若重启恢复则在运营结束后进行排查；若未恢复则更换交换机。

③ 分析：检查交换机网口指示灯，若交换机网口指示灯灭，则判断为通信链路故障。

处理：对网线进行紧固，若故障还未恢复，则更换对应的网线。

④ 分析：若无上述问题，则判断为内部硬件故障。

处理：排查交换机硬件并更换相应的硬件。

（6）查看 DCS 客户端接入交换机，01、02 停机。

① 分析：查看机房环境温度，若温、湿度异常，则判断为机房环境异常。

处理：重启相应交换机，对机房进行降温、除湿处理；若设备重启不成功，则更换服务器。

② 分析：检查相应交换机工作状态，若交换机电源灯灭，则判断为交换机电源相关故障。

处理：重启交换机，若重启恢复则在运营结束后进行排查；若未恢复则更换交换机。

③ 分析：检查交换机网口指示灯，若交换机网口指示灯灭，则判断为通信链路故障。

处理：对网线进行紧固，若故障还未恢复，则更换对应的网线。

④ 分析：若无上述问题，则判断为硬件故障。

处理：排查交换机硬件并更换相应的硬件。

（7）查看车站 ATS 维护台系统状态 LSRS 连接正常，查看 DCS 客户端显示控区 ATS/ATP 骨干网，4 台交换机全部停机。

① 分析：查看机房环境温度，若温、湿度异常，则判断为机房环境异常。

处理：重启相应交换机，对机房进行降温、除湿处理；若设备重启不成功，则更换服务器。

② 分析：检查交换机网口指示灯，若交换机网口指示灯灭，则判断为通信链路故障。

处理：对网线进行紧固，若故障还未恢复，则更换对应的网线。

③ 分析：若无上述问题，则判断为内部硬件故障。

处理：排查交换机硬件并更换相应的硬件。

项目三 【4号线】通号行车故障处理

信号系统影响行车类故障的处置原则：坚持"先通后复""先救人、后救物；先全面、后局部"的原则。

故障十六　ZC 故障

（一）ZC 简介

区域控制器（Zone Controller，ZC）是基于 CBTC 的信号系统的核心组成部分，属于地面设备的一部分。它将一条线路分为若干个控制区域，每个控制区域由一个区域控制器负责。ZC 采用"2 乘 2 取 2"的安全平台，ZC 应用子系统主要负责根据通信列车所汇报的位置信息以及联锁所排列的进路和轨旁设备提供的轨道占用/空闲信息，为其控制范围内的通信列车计算生成移动授权（MA），保证其控制区域内通信列车的安全运行，具备在各种列车控制等级和驾驶模式下进行列车管理的能力。

ZC 机柜的组成如图 2-54 所示。

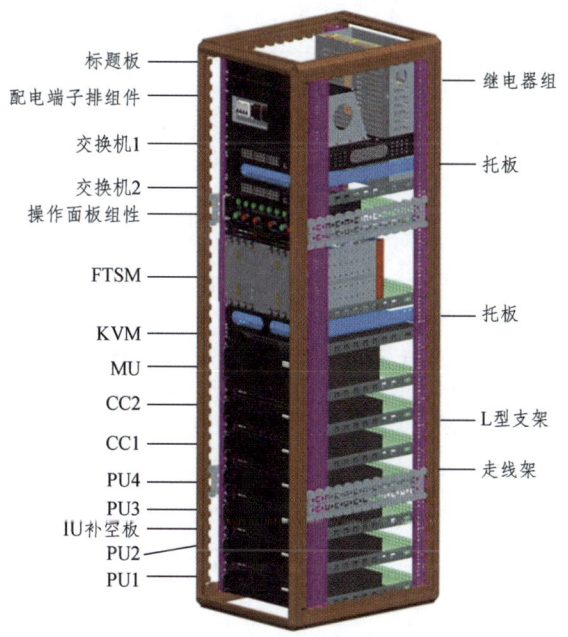

图 2-54　ZC 机柜整体结构

ZC 设备采用"2 乘 2 取 2"的安全平台，主要由以下各个部分组成：

- 端子排和防雷安装座；
- H3C 交换机 1；
- 理线架；
- H3C 交换机 2；
- 理线架；
- 3U 插箱；
- 安全容错管理单元（FTSM）；
- 走线槽；
- 多功能电脑切换器（KVM）；
- 维护机（MU）；
- 2U 挡空板；
- 通信控制器 B(CC2)；
- 通信控制器 A(CC1)；
- 处理单元 4（PU4）；
- 处理单元 3（PU3）；
- 处理单元 2（PU2）；
- 处理单元 1（PU1）；
- 继电器组件。

设备指示灯的状态说明如表 2-3 所示。

表 2-3　指示灯状态表

电路板	指示灯位置	指示灯含义	正常状态	备注
安全电源板	IN12 V	电源指示	常亮	
	12 VS1	第一路关断 12 V 输出	逻辑板正常工作后点亮	
	12 V	12 V 输出	常亮	
	12 VS2	第二路关断 12 V 输出	上电点亮后待 12 VS1 点亮后熄灭	
	5 V	5 V 输出	常亮	
	S12 V	隔离 12 V 输出		
通信板	GNET1	接收 1 机数据	接收到数据闪烁	
	GNET2	接收 2 机数据	接收到数据闪烁	
	PNET1	不使用	常灭	
	PNET2	不使用	常灭	
	DYN	动态信号	40 ms 闪烁	
	5 V	5 V 电源	常亮	
逻辑板	DYNPWRA1	1 路电源控制 A1	常亮	
	DYNPWRB1	2 路电源控制 B1	常亮	
	DYNPWRA2	1 路电源控制 A2	常亮	
	DYNPWRB2	2 路电源控制 B2	常亮	

（二）故障现象及影响

1. 当系统出现以下故障现象时可以判断为 ZC 故障

（1）调度员工作站报 ZC 通信故障且与 ZC 通信中断，该区域内的所有 CBTC 模式列车触发紧急制动，接近此区域的列车以常用制动或紧急制动停车，故障区域内的所有列车 CBTC-ATPM 和 CBTC-ATO 不可用。

（2）中央联锁工作站及大屏上相应 ZC 指示灯亮红灯，同时该 ZC 控制区域范围内的列车光带占用由"红光带"变为"粉红光带"，信号机模式采用点灯模式，现地工作站有弹出式报警框并带有语音提示（见图 2-55）。

（3）信号监测终端 BDMS 上报 ZC 与 CI 通信状态故障。

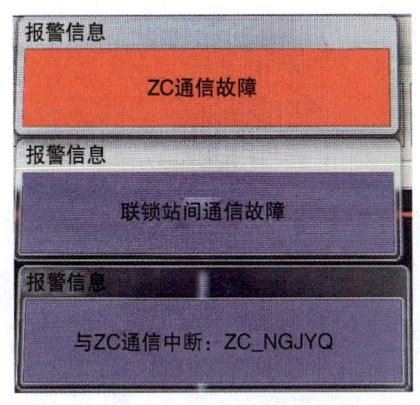

图 2-55　调度工作站报警

2. 故障影响

ZC 故障造成该 ZC 区域内和 ZC 边界处的所有 CBTC 驾驶模式失效，CBTC 运行模式下的列车将触发紧急制动，且不能以 CBTC 模式运行，需组织相关人员进行抢修。

（三）故障处置流程

1. 调度处置流程

（1）发生故障后令故障区段内停站列车转 ITC 模式运行，区间紧制列车转 RM 模式（最高预设为 ITC-ATO）动车。

（2）令故障区域外 CBTC 模式列车需在进入故障 ZC 区域前的一个车站（即正常 ZC 区域的最后一个车站）将列车模式转换至 ITC 模式运行，至正常 ZC 控制区域的第一个站时恢复至 CBTC 模式运行。

（3）进行行车调整，向车站发布列车延误、行车调整信息。

（4）维调发布抢修令、发布短信。

2. 乘务处置流程

（1）按行调指令转最高预设至 ITC 模式，听行调指令 RM 模式动车。
（2）凭地面信号显示行车，按行调指令恢复 CBTC 模式运行。

3. 站务处置流程

（1）故障区域车站发现故障后及时汇报 OCC。
（2）做好乘客解释、广播等乘客服务工作。
（3）配合做好各专业抢修工作，按行调指令处置。
（4）车站做好站台乘客引导和安全防护工作。
（5）接到行调恢复正常行车通知后，车站恢复正常行车、客运组织，并加强列车运行监控。

4. 通号处置流程

（1）操作指示面板上 A 系或 B 系恢复按钮点亮（见图 2-56）。

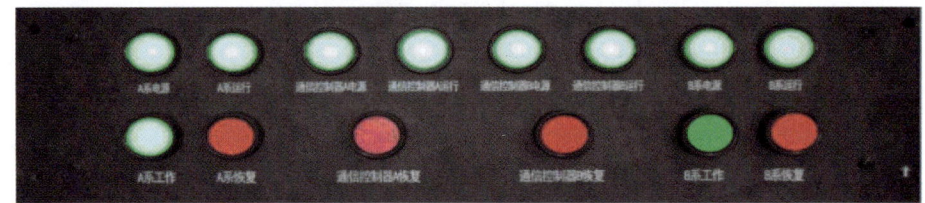

图 2-56　操作指示面板工作灯

现象：正常状态下，A 系或 B 系的恢复按钮为熄灭状态。当此按钮点亮时，表示相应通道的处理单元进入复位状态，这时需要人工按压相应恢复按钮进行人工恢复。

注意：如果两系均出现恢复现象，请间隔 10 s 左右按下两系的恢复按钮。可按以下办法检查故障原因。

措施：

① 检查相应通道的通信板的通信线接触是否牢固措施。
② 检查相应处理单元的通信线接触是否牢固。

（2）操作指示面板上 A 系或 B 系工作指示灯熄灭。

现象：正常状态下，A 系或 B 系的工作指示灯为点亮状态。当此指示灯熄灭时，表示相应通道的处理单元没有进入工作状态，这时需要给该系重新上电。

措施：

① 检查相应通道通信板的通信线接触是否牢固。
② 检查相应处理单元的通信线接触是否牢固。
③ 检查相应的通道恢复按钮是否点亮，检查维护机 ZCM 相应记录，该通道是否进入过工作状态。

（3）操作指示面板上通信控制器 A 或通信控制器 B 工作恢复按钮点亮（见图 2-57）。

现象：正常状态下，通信控制器 A 或通信控制器 B 的恢复按钮为熄灭状态。当此按钮点亮时，表示相应通道的处理单元进入复位状态，需要人工按压相应恢复按钮进行人工恢复。

图 2-57　通信控制器灯位

措施：

① 检查通信板的通信线接触是否牢固。

② 检查相应通信控制器的通信线接触是否牢固。

（4）操作指示面板上通信控制器 A 或通信控制器 B 工作指示灯熄灭。现象：正常状态下，通信控制器 A 或通信控制器 B 的工作指示灯为点亮状态。当此指示灯熄灭时，表示相应的通信控制器没有进入工作状态，这时需要重新上电，可按以下办法检查故障原因。

措施：

① 检查通信板的通信线接触是否牢固。

② 检查相应通信控制器的通信线接触是否牢固。

③ 检查相应的通信控制器恢复按钮是否点亮，检查维护机 ZCM 相应记录，该通信控制器是否进入过工作状态。

（5）操作指示面板上通道的电源指示灯熄灭。

现象：正常状态下，通道的电源指示灯为点亮状态。当此指示灯熄灭时，表示相应的通道进入断电状态，这时需要给该系重新上电，可按以下办法检查故障原因。

措施：

① 检查相应通道的安全电源板是否接插牢固。

② 检查相应通信安全电源板上的 LED 灯是否全都熄灭。

（6）操作指示面板上通信控制器的电源指示灯熄灭。

现象：正常状态下，通信控制器的电源指示灯为点亮状态。当此指示灯熄灭时，表示相应的通信控制器进入断电状态，这时需要给该通信控制器重新上电，可按以下办法检查故障原因。

措施：
① 检查相应安全电源板是否接插牢固。
② 检查相应安全电源板上的 LED 灯是否全都熄灭。
注意：若 ZC 重启恢复，则到运营结束后再进行排查（重启时需注意工控机"启动开关"默认在 1 位置，如果发现现场的"启动开关"放到了 2 位置，请手动拨回）(见图 2-58）。

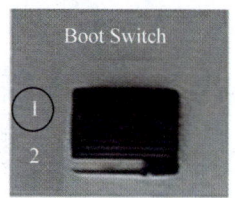

图 2-58　通信控制器启动开关

故障十七　DCS 设备故障

（一）DCS 系统简介

DCS 子系统在各设备之间通过有线网络和无线网络实现双向通信，用以提供各设备子系统之间的有线信息传输以及地面设备与车载设备之间的无线信息传输。DCS 子系统由有线网络系统、车-地无线系统和 DCS 管理系统组成，无线传输网络采用 LTE 技术组建，如图 2-59 所示。

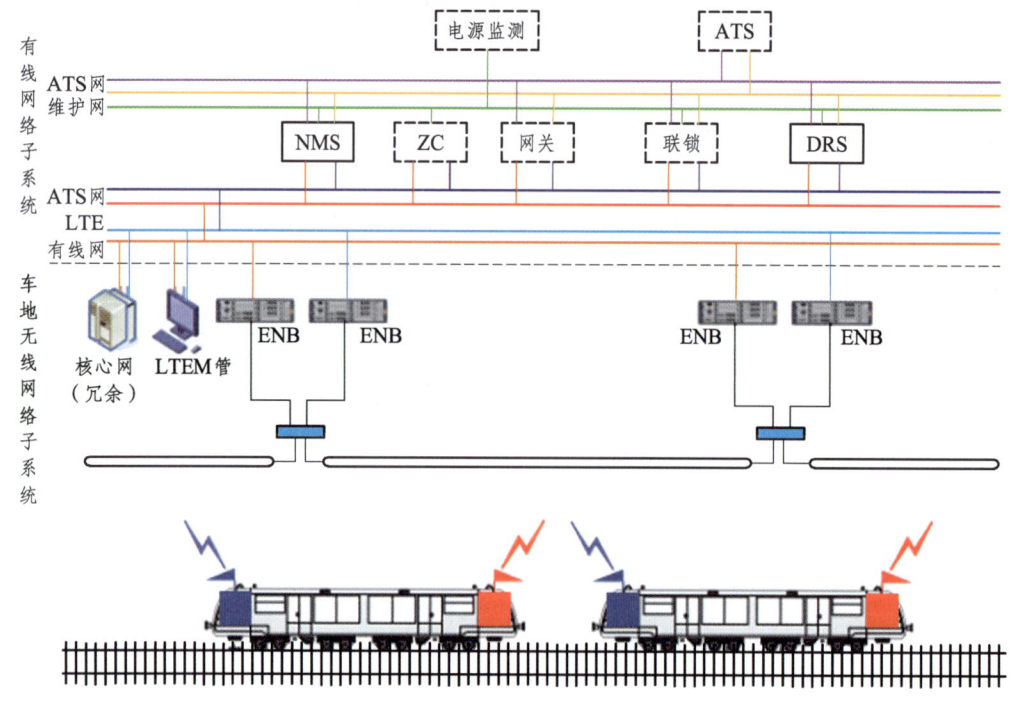

图 2-59　组网系统整体架构

本工程有线网络示意如图 2-60 所示。

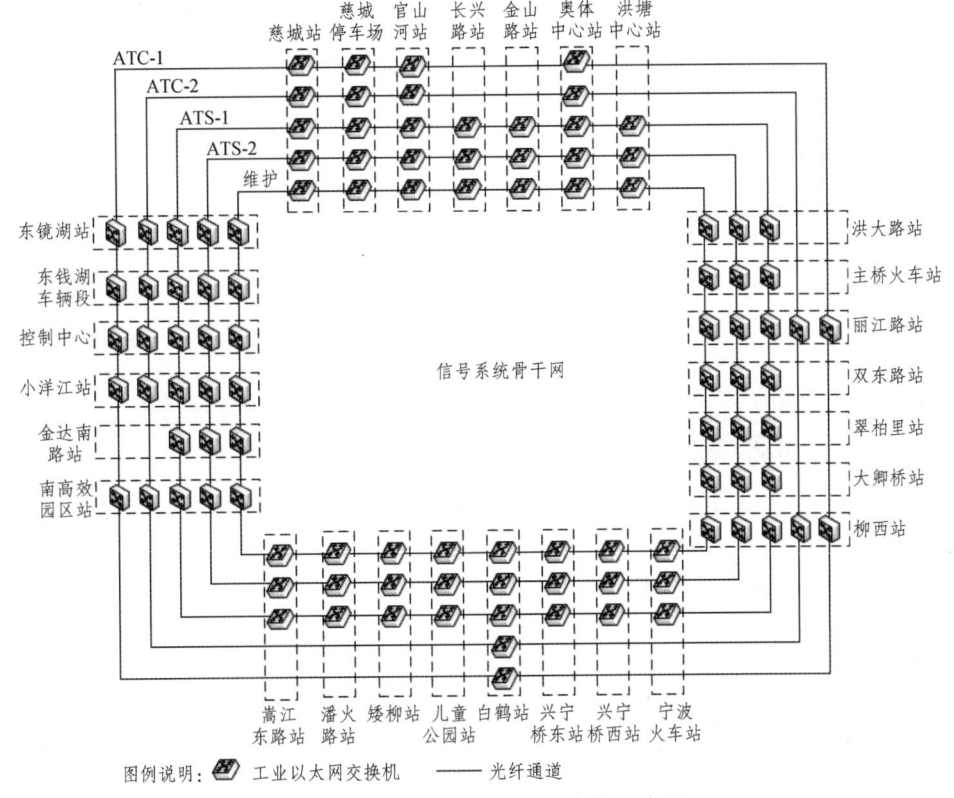

图 2-60 DCS 系统骨干网结构示意图

信号系统有线网络由工业以太网交换机组成。工业以太网交换机采用环形网络结构。DCS 有线网络为信号系统提供专有有线信息传输，为控制中心、车站、停车场、车辆段之间提供信息的透明传输通道，为控制中心、车站、停车场、车辆段的信号设备提供局域网连接。ATC 网络为 2 个冗余备份的环网，ATS 网络为 2 个冗余备份的环网，维护网为 1 个环网。

环形网络结构可令三类不同的网络之间实现通信：

（1）ATC 网络，完全冗余(蓝网、红网)，使各联锁、ATP 等信号子系统之间直接通信。

（2）ATS 网络，完全冗余(橙色、紫色)，使各 ATS 子系统之间直接通信。

（3）维护网络，非冗余，使各维护子系统之间直接通信。

(二) 故障现象及影响

1. DCS 骨干网故障现象

当系统出现以下现象可判断为 DCS 骨干网故障：

故障区域内的 CBTC 模式列车触发紧急制动，OCC 大屏、调度工作站、中央联锁工作站显示联锁区灰显，故障区域集中站现地工作站联锁界面显示正常。

2. 故障影响

DCS设备故障会影响信号系统正常使用，导致列车无法在规定时间内收到轨旁的信息，故障车站不能向邻站办理进路，OCC将失去对该站的监控，CBTC驾驶模式受到影响，服务号及车次号丢失，可能导致列车晚点，需进行抢修。

（三）故障处置流程

1. 调度处置流程

（1）行调确认中央故障现象，与故障集中站确认联锁界面显示正常，按DCS骨干网故障处置。

（2）令车站将故障联锁区内道岔单锁至正线位，两端折返站以单操单锁的方式准备进路。原则上故障区域内采用电话闭塞法行车。

（3）若故障发生在设有ZC设备的联锁区，该ZC对应的非灰显联锁区采用ITC模式运行。

（4）进行行车调整，向车站发布列车延误、行车调整信息。

（5）维调发布抢修令、发布短信。

2. 乘务处置流程

（1）根据行调命令采用电话闭塞法或点式后备ITC模式运行。

（2）按行车调度指令运行至正常区域恢复CBTC模式运行。

3. 站务处置流程

（1）故障区域车站发现故障后及时汇报OCC。

（2）车站接行调通知确认界面显示正常，将现地工作站切换至紧急站控。

（3）按行调要求进行站台列车位置确认及办理进路工作。

（4）接行调命令故障区域车站启用电话闭塞法组织行车。

（5）做好乘客解释、广播等乘客服务工作。

（6）配合做好各专业抢修工作。

（7）车站做好站台乘客引导和安全防护工作。

（8）接到行调恢复正常行车通知后，车站恢复正常行车、客运组织，并加强列车运行监控。

4. 通号处置流程

（1）检查相应交换机工作状态，若交换机电源灯灭，则判断为交换机电源相关故障。
处理：重启交换机，若重启恢复则在运营结束后进行排查；若未恢复则排查电源回路。

（2）检查交换机网口指示灯，若交换机网口指示灯灭，则判断为通信链路故障。
处理：对网线进行紧固，若故障还未恢复，则更换对应的网线。

（3）若电源及网口排查均无异常，则判断为交换机硬件或软件故障。

处理：对故障交换机进行更换，并进行配置。

故障十八　EI32-JD 型计算机联锁子系统故障

（一）EI32-JD 型计算机联锁系统

1. EI32-JD 型计算机联锁系统简介

EI32-JD 型计算机联锁系统具有总线控制的双系统，采用"2 乘 2 取 2"安全结构，每个计算机为双 CPU 运行，采用"故障—安全"的输入/输出系统，确保系统安全性、实时性。联锁机、驱采机间的通信采用局域网光接口，光缆通道双倍冗余，具有高速、高可靠性的特点。系统有 CI 维护工作站实时监视车站系统运行情况、联锁系统的运行情况，记录车站运行情况、联锁系统故障、故障原因，并将所有信息传输至维护监视子系统（见图 2-61）。

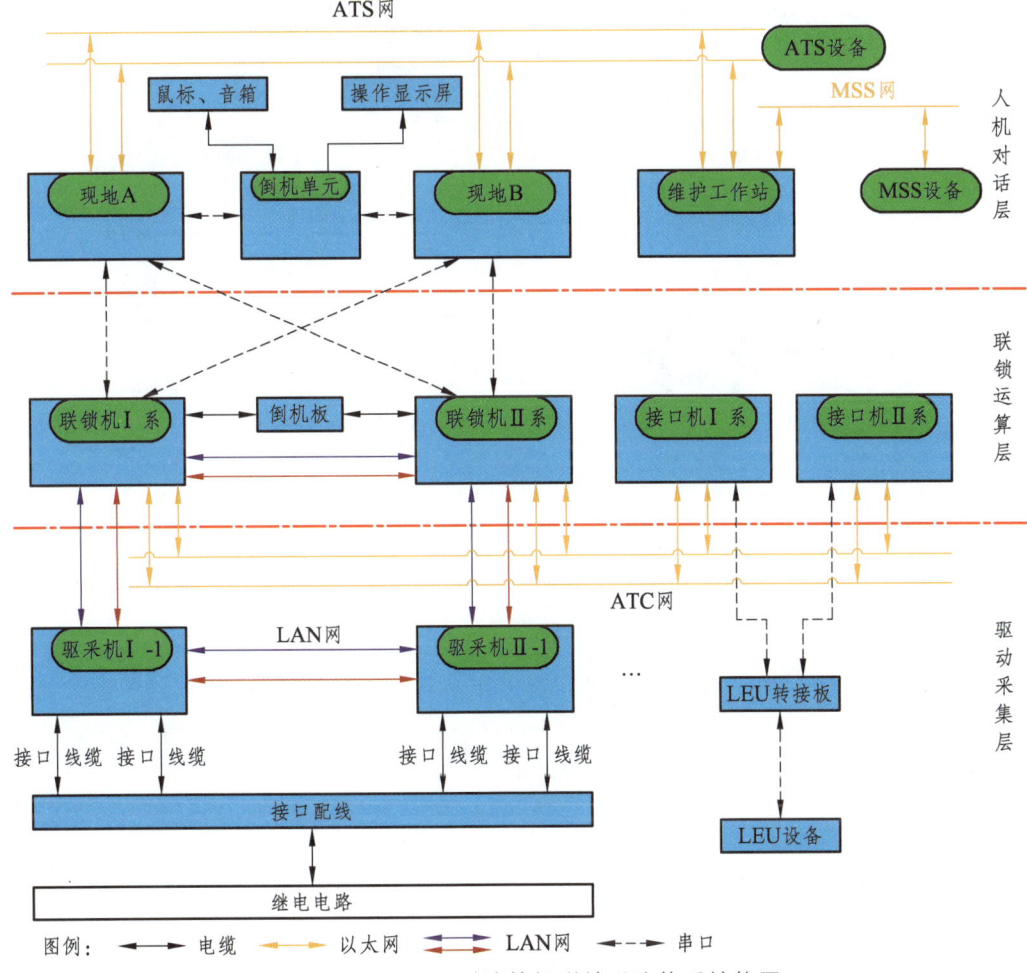

图 2-61　EI32-JD 型计算机联锁系统体系结构图

2. EI32-JD 型计算机联锁系统体系硬件结构

EI32-JD 型计算机联锁系统体系硬件结构如图 2-62 所示。

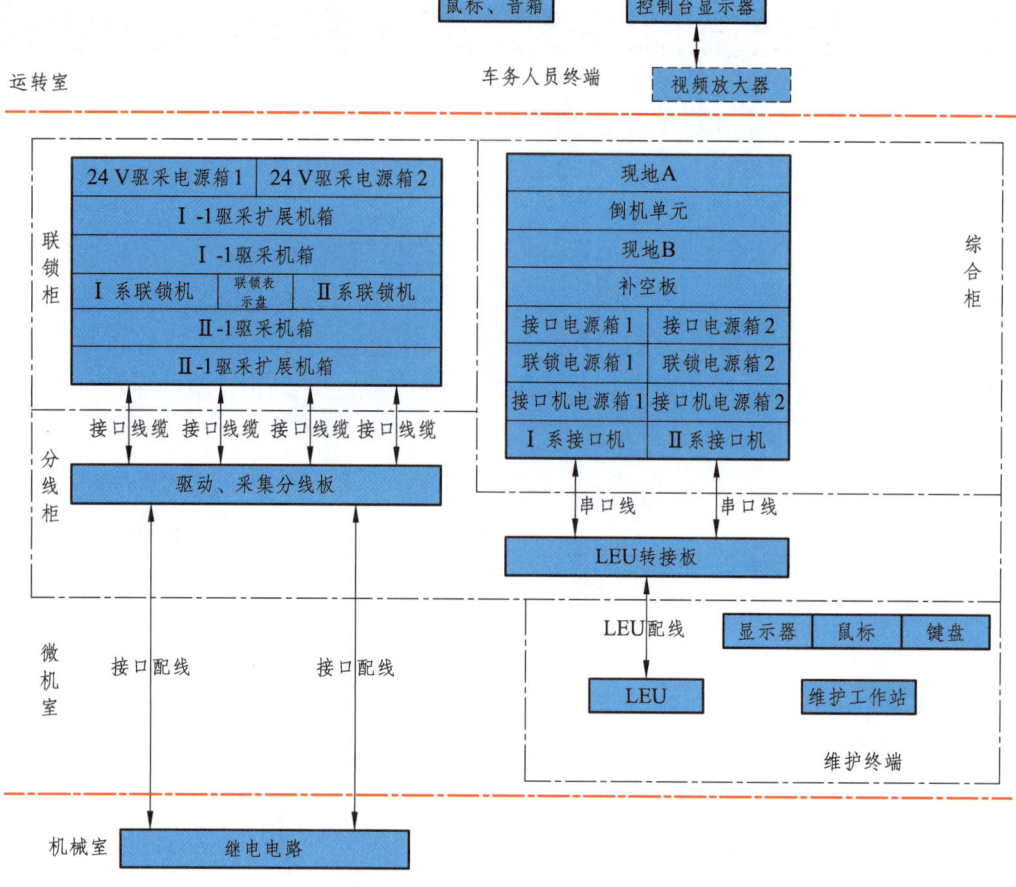

图 2-62　EI32-JD 型计算机联锁系统体系硬件结构

（二）故障现象及影响

1. 故障现象

当系统出现以下现象可判断为联锁故障：

（1）调度工作站、OCC 大屏及中央联锁工作站联锁区灰显，与 CI 通信中断，显示：××站报警，出现联锁站间通信故障报警。邻近联锁区域已向该联锁区域排列的进路将显示禁止信号，并在调度工作站出现信号故障关闭报警（见图 2-63）。

（2）列车在故障区域停车（可能在紧急制动状态），接近此联锁区的列车以常用制动或者紧急制动停车。

（3）该联锁区域内所有信号机点亮红灯。

（4）中央 CATS、车站 LATS 及车站现地工作站均失去对联锁区的监视，维护、监测终端产生报警。

图 2-63　慈城站联锁故障报警

2. 故障影响

CI 计算机联锁控制区域内的信号设备将无法监控，在 CBTC 模式下的列车实施紧急制动，故障区域内 CBTC 及 ITC 模式均无法使用，可能导致列车晚点，需按照 OCC 指令调整列车运营。列车驶出该故障区域，进入正常区段，在满足一定条件后，列车可恢复至 CBTC 模式运行。

（三）故障处置流程

1. 调度处置流程

（1）行调确认中央故障现象，与该集中站确认联锁界面也故障后，按联锁故障处置，故障区域采用电话闭塞法或 URM 模式行车。

（2）中间区域联锁故障的行车组织：

① 准备工作。

a. 行调通知相关车站做好人工办理进路准备，到端门处报行调；

b. 呼叫全线列车司机，令××至××区域内列车原地待令。

② 列车定位。

a. 一名行调根据列车运行图确认故障联锁区、相邻联锁区内的列车车次，初步判断出故障区域内的列车顺序及数量，与故障区域司机确认列车准确位置（在高峰时段取消高峰车出场）。

b. 另一名行调与车站值班员核对故障区域内在站列车信息及区间列车顺序及数量。

c. 两名行调相互核对列车顺序及列车数量，确认两者一致后向车站发布列车定位信息，若不一致，则重复上述列车定位流程。

d. 向车站发布列车定位信息后，由其他调度员协助在综合信息布置图上揭挂列车具体位置。

e. 若列车前方无道岔且进路空闲后，行调优先组织列车进站开门待令，若列车前方有道岔，行调应待进路准备完毕后组织列车进站。

③ 准备进路。

通知车站：××站道岔钩锁至正线位置，人员工器具出清报行调；进路准备完毕人员出清后，将区间列车组织至前方站。

④ 启动电话闭塞法或 URM 逐列通过。

确认故障区域内所有列车定位准确，同时均到达站线，进路准备完毕，行调根据值班主任指示，发布电话闭塞法组织行车的命令或采用 URM 组织行车。

（3）两端折返站联锁故障行车组织：

① 准备工作。

a. 行调通知相关车站做好人工办理进路准备，到端门处报行调。

b. 令故障区域内列车原地待令。

② 列车定位。

a. 一名行调根据列车运行图确认故障联锁区相邻联锁区内的列车车次，初步判断出故障区域内的列车顺序及数量，与故障区域司机确认列车准确位置（在高峰时段取消高峰车出场、两端折返站确认是否有备车）。

b. 另一名行调与车站值班员及车场调度员核对故障区域内在站列车信息及区间列车顺序及数量。

c. 两名行调相互核对列车顺序及列车数量，确认两者一致后向车站及车场发布列车定位信息，若不一致，重复上述列车定位流程。

d. 向车站及车场发布列车定位信息后，由其他调度员协助在综合信息布置图上揭挂列车具体位置。

e. 若列车前方无道岔且进路空闲后，行调优先组织列车进站，若列车前方有道岔，行调应待进路准备完毕后组织列车进站。

③ 准备进路。

a. 慈城站站前折返进路，用语：准备官山河下行至慈城上行进路，将进路上的道岔钩锁至正确位置，人员到达安全避让地点后汇报行调，组织列车进站。

b. 东钱湖站站后折返进路，用语：准备××站上/下行（折返线×道）至折返线×道（××站上/下行）进路，将进路上的道岔钩锁至正确位置，人员到达安全避让地点后汇报行调。

④ 启动电话闭塞法或 URM 模式运行。

确认故障区域内所有列车定位准确，同时均到达站线或折返线，进路准备完毕，行调根据值班主任指示，发布电话闭塞法组织行车的命令或采用 URM 组织行车。

（4）进行行车调整，向车站发布列车延误、行车调整信息。

（5）维调发布抢修令、发布短信。

2．乘务处置流程

（1）根据行调命令采用电话闭塞法或 URM 模式运行。

（2）按行车调度指令运行至正常区域恢复 CBTC 模式运行。

3．站务处置流程

（1）集中站发现故障后，确认现地工作站无法实现所辖区域的行车监控，及时汇报 OCC。

（2）按行调要求进行站台列车位置确认及人工准备进路工作。

（3）接行调命令故障区域车站启用电话闭塞法组织行车。

（4）做好乘客解释、广播等乘客服务工作。

（5）配合做好各专业抢修工作。

（6）车站做好站台乘客引导和安全防护工作。

（7）接到行调恢复正常行车通知后，车站恢复正常行车、客运组织，并加强列车运行监控。

4. 通号处置流程

（1）联锁维护机显示联锁机显红，检查联锁Ⅰ系/Ⅱ系表示盘灯位，确认故障类型。

（2）查看联锁柜表示盘，若联锁电源-1/-2 灯灭灯，监测有联锁设备等各类告警，而联锁机工作指示灯全部熄灭，则判断为联锁输入电源故障。

处理：排查联锁机输入电源故障。

（3）查看联锁柜表示盘，若Ⅰ系/Ⅱ系通信灯灭灯，并有联锁Ⅰ系/Ⅱ系中断告警，则判断为联锁机通信故障。

处理：排查联锁机通信故障。

注意：主备机均故障的情况下，尝试重新启动设备，保证至少有一系可以正常使用。

故障十九　转辙机故障

（一）转辙机设备简介

道岔是将一条铁路线分成两条或以上线路的轨道设备，其中的信号设备由转辙机、外锁闭部分组成（见图 2-64）。

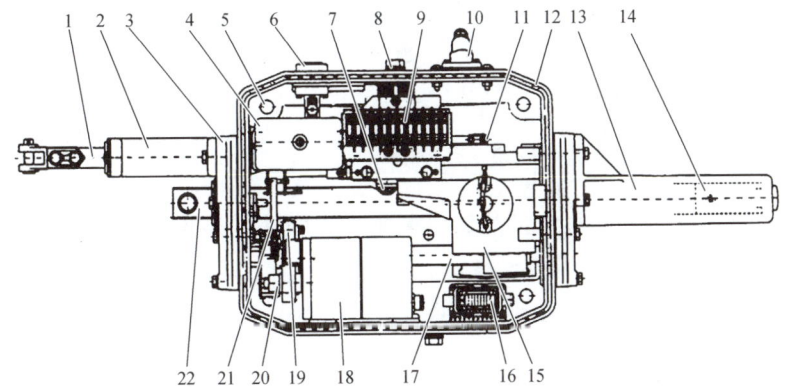

1—检测杆；2—导向套筒；3—导向法兰；4—遮断开关；5—地脚孔；6—开关锁；7—锁闭块；8—接地螺栓；9—速动开关组；10—电缆密封装置；11—指示标；12—底壳；13—动作杆罩筒；14—止挡片；15—保持器；16—插座；17—滚珠丝杠；18—电机；19—摩擦联结器；20—摇把齿轮；21—连杆；22—动作杆。

图 2-64　S700K 转辙机组成部件

1. S700K 交流电动转辙机介绍

S700K 电动转辙机型号解释如图 2-65 所示。

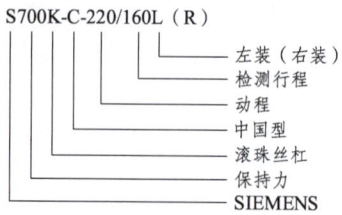

注：A7（8）奇数为左装，偶数为右装。高速铁路 A13G（14G）

图 2-65　S700K 电动转辙机型号解释

2. ZDJ9 交流电动转辙机介绍

ZDJ9 交流电动转辙机型号解释如图 2-66 所示，其组成如图 2-67 所示。

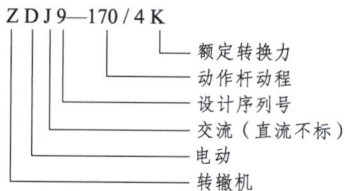

图 2-66　ZDJ9 交流电动转辙机型号解释

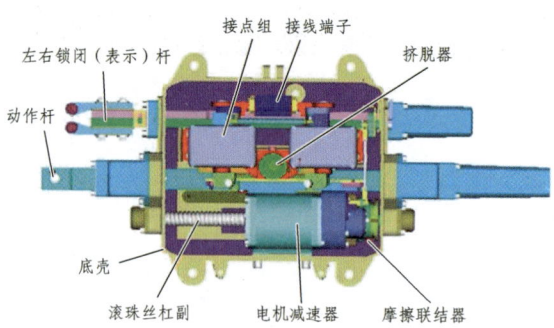

图 2-67　ZDJ9 交流电动转辙机组成部件

3. 外锁闭介绍

4 号线采用的外锁闭装置为钩型外锁闭装置，由锁闭杆组件、锁钩组件、锁闭框组件、尖轨连接铁组件（见图 2-68）组成。

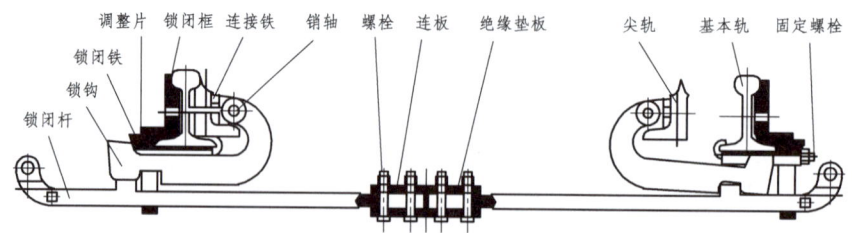

图 2-68　外锁闭装置组成部件

（二）故障现象及影响

1. 当系统出现以下故障现象判断为转辙机故障

（1）道岔无法转换或无法转换到位。
（2）道岔转换到位无法给出位置表示。
（3）道岔失去表示。

2. 故障影响

转辙机故障将导致列车无法正常运行，需组织人员进行抢修。

（三）故障处置流程

1. 调度处置流程

（1）发现道岔失表后，行调立即扣停就近列车。
（2）将故障道岔定、反位来回单操三次，同时通知车站做好人工进路的准备。
（3）如有一位置（定或反）有表示，行调应尽量改变折返进路，利用该道岔既有位置接发列车。
（4）如定/反位均失去表示或该表示位无法满足运营条件，则令车站现场人工准备进路接发列车。
（5）道岔失表后，行调确认故障区段空闲，将相关信号机交人工控，防止进路自动触发，导致道岔不停转换，影响故障判断处置。
（6）行调以任务制方式布置车站人工准备进路[准备××站上/下行（折返线×道）至折返线×道（××站上/下行）进路]，人工准备进路接、发列车开始后，未经行调同意任何人不得擅自拆除钩锁器。
（7）令首列车司机限速 25 km/h 运行通过道岔故障区段。
（8）进行行车调整，向车站发布列车延误、行车调整信息。
（9）维调发布抢修令、发布短信。

2. 乘务处置流程

（1）按行调指令以 RM 或 URM 驾驶，确认道岔开通位置。
（2）按行调指令越过禁止信号，注意"一灯一令"或"一区间一令"。

3. 站务处置流程

（1）故障区域车站发现故障后及时汇报 OCC。
（2）接行调通知做好人工进路的准备工作。
（3）接行调通知进行人工进路。

（4）做好乘客解释、广播等乘客服务工作。

（5）配合做好各专业抢修工作。

（6）车站做好站台乘客引导和安全防护工作。

（7）接到行调恢复正常行车通知后，车站恢复正常行车、客运组织，并加强列车运行监控。

4. 通号处置流程

运营期间发生故障后第一时间恢复行车，根据初步排查结果需进行快速抢修的，经行调批准开展抢修，若运营期间不进行处理，做好现场保障工作。

1）检查机械部分

（1）检查尖轨基本轨及外锁闭等外部环境。

（2）检查转辙机内接点组、挤脱器、表示缺口等内部环境。

（3）检查道岔工况。

2）测量电路部分

在室外机械到位的前提下，测量电路的基本信息，具体参数参照表2-4。

表2-4 故障对照表

正常值				室内电源故障或断线故障			
转辙机位置	测量位置	交流	直流	转辙机位置	测量位置	交流	直流
定位	X2与X1、X4	55～62 V	19～22 V	定位	X2与X1	0 V	0 V
反位	X3与X1、X5	55～62 V	19～22 V	反位	X3与X1	0 V	0 V
定反都为此值	BD3-4	220 V	—	定位X4、反位X5断线及延长线断线			
	BD52-62	110 V	—	转辙机位置	测量位置	交流	直流
室外断线故障				定位（故障点在室内）	X2对X1	69 V左右	35 V左右
转辙机位置	测量位置	交流	直流		X2与X4	69 V左右	35 V左右
定位	X2对X1、X3、X4之间	110 V	0 V	定位（故障点在室外）	X2对X1	69 V左右	35 V左右
反位	X3与X1、X2、X5之间	110 V	0 V		X2与X4	0	0
室外混线（短路）				反位（故障点在室内）	X3对X1	69 V左右	35 V左右
转辙机位置	测量位置	交流	直流		X3与X5	69 V左右	35 V左右
定位	X2与X1	0-8 V	0 V	反位（故障点在室外）	X3对X1	69 V左右	35 V左右
反位	X3与X1	0-8 V	0 V		X3与X5	0	0
定反都为此值	R1	110 V	—				

故障二十　计轴故障

（一）计轴简介

计轴系统的工作原理：基于对所监视的轨道区段两端计轴点驶入和驶出轮轴数的比较结果，确定该区段的占用或空闲状态。

计轴系统完成列车驶入/驶出的车轮轮轴数的计数比较、方向判别、轨道区段状态（空闲、占用）条件的输出。

本系统采用的科安达 TAZ II/S295 型计轴，它由室外设备车轮传感器和室内设备计轴机柜组成，其工作原理如图 2-69 所示。

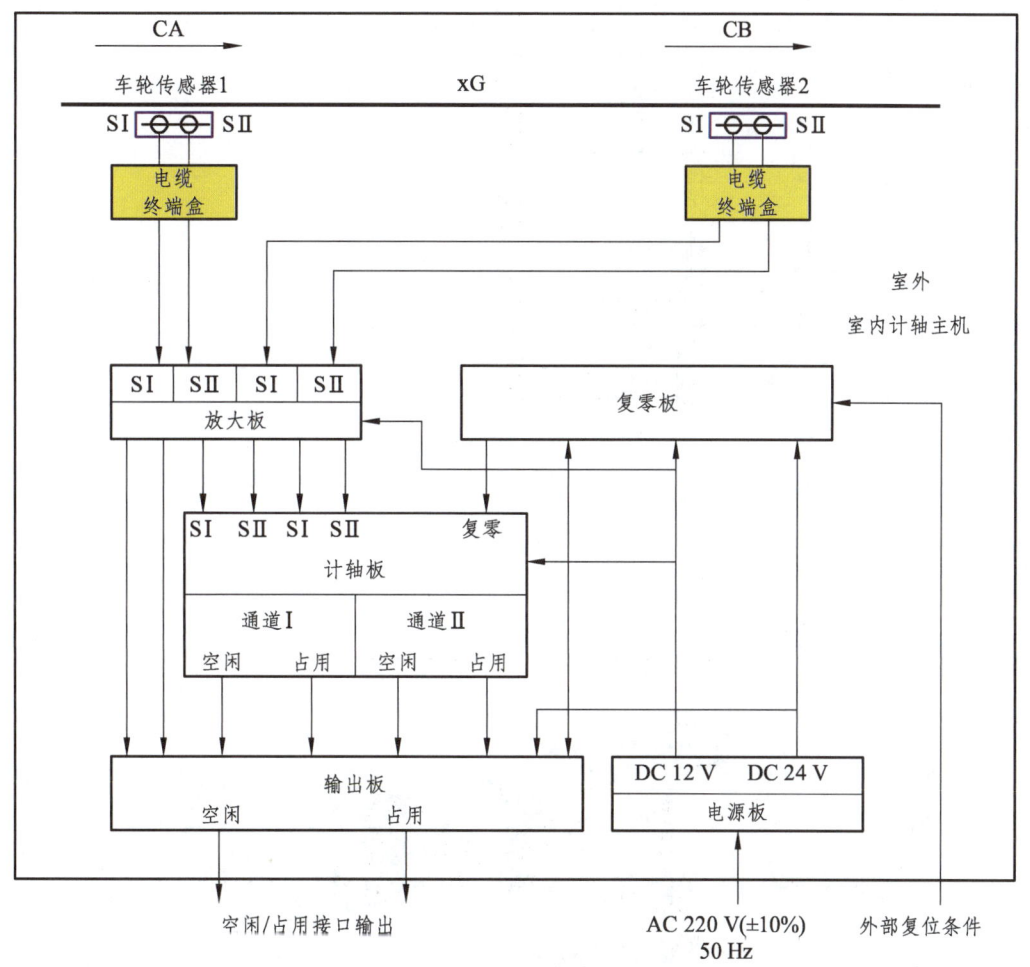

图 2-69　计轴系统的工作原理

室内计轴设备：包括电源板、放大板、计轴板、输出板、复零板、监视板。

室外计轴设备：包括车轮传感器（型号：2N59-1R-400RE-40）、电缆终端盒、连接到室内的计轴电缆。轨旁电子单元与计轴主机之间通过计轴电缆相连。

1. 室内计轴设备

室内计轴设备如图 2-70 所示。

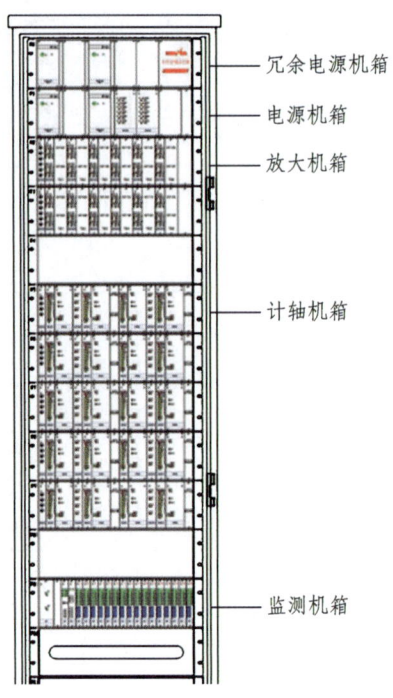

图 2-70　室内计轴设备

2. 车轮传感器

车轮传感器如图 2-71 所示。

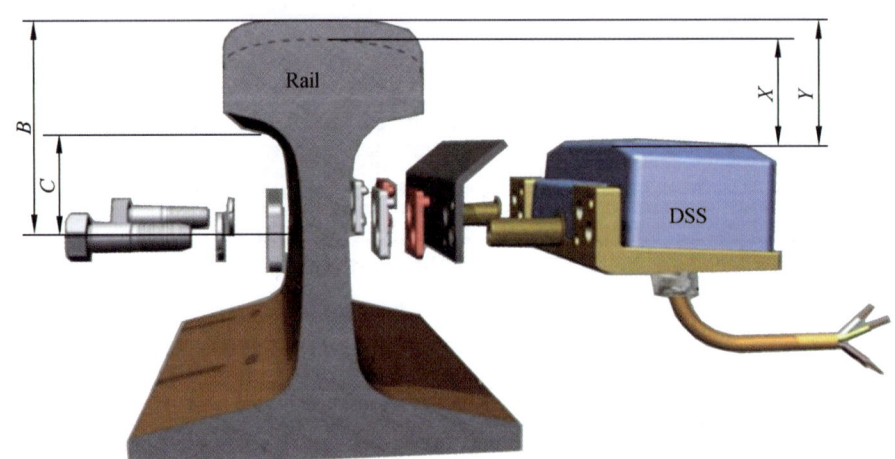

B: Drilling dimension at new rails 86.5±1.0 mm

图 2-71　车轮传感器

3. 轨旁终端盒

轨旁终端盒的原理框图如图 2-72 所示。

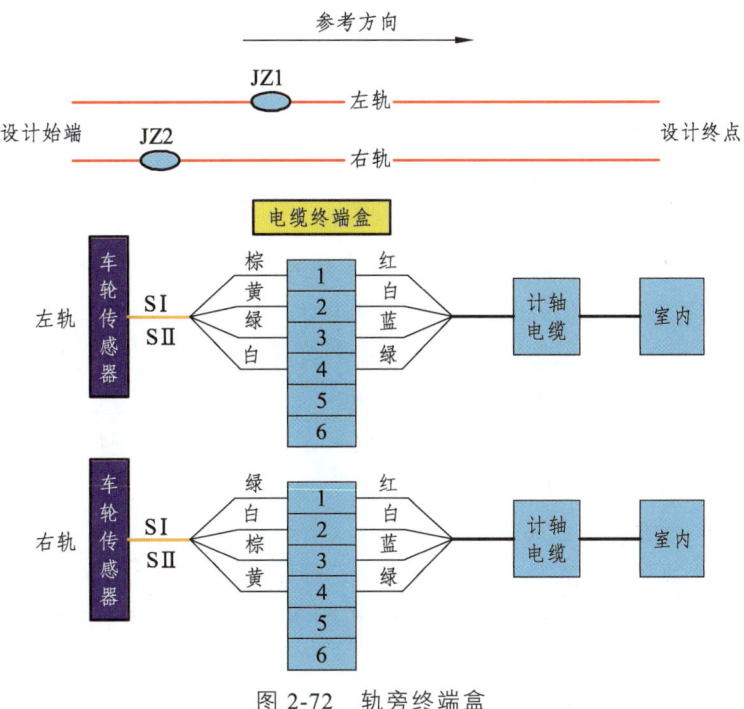

图 2-72　轨旁终端盒

（二）故障现象及影响

1. 当系统出现以下故障现象判断为计轴故障

（1）单个或多个计轴区段出现粉光带。
（2）单个或多个计轴区段出现棕光带。

2. 故障影响

当计轴设备无法正常工作时，会失去对轨道区段的自动监督功能，无法判别区段正常占用或出清，可能导致列车晚点，需按照 OCC 指令调整列车运营。计轴系统的故障一般会表现在与之相连的 BDMS 告警信息中。

出现棕光带时，对于筛选失败等潜在造成棕光带变为粉光带的不利场景，可以通过以下措施进行规避或消除。

（1）折返岔区出现棕光带故障未完成处理前，调度应安排非 CBTC 列车从未发生故障的一侧出入段。
（2）列车出库时，需保证出入段线与相邻折返线同一时间只允许存在一列车。
（3）严禁出库列车在转换轨不停车进入正线。
（4）非 CBTC 列车在恢复通信后需在前方站线或折返线进行精准停车。

（5）非 CBTC 列车接近故障区段后，棕光带会升级为粉光带，沿途信号机会被点亮，禁止非通信列车通过该故障计轴区段（视情况提前清客退出服务或小交路）。

（三）故障处置流程

1. 调度处置流程

（1）单个或多个计轴区段故障出现粉光带。

① 不需转换道岔组织行车时。

a. 行调确认该区段无车占用，对粉光带计轴区段进行预复位操作并确认产生包络线后，组织列车以 RM 或 URM 模式进行清扫（URM 正线限速 45 km/h，岔区限速 25 km/h，正线长区间建议采用 URM 模式），列车通过后粉光带消失，则故障消除。

b. 若故障未消除则重新进行预复位、清扫。

c. 粉光带消失则恢复正常行车，若故障依然存在则安排后续列车降级运行。

② 需转换道岔组织行车时。

a. 行调确认该区段无车占用，通知车站人工办理所需进路。

b. 车站进路准备完毕，人员工器具出清后，对粉光带区段进行预复位操作并确认产生包络线，组织列车以 RM 或 URM 模式进行清扫（URM 正线限速 45 km/h，岔区限速 25 km/h，正线长区间建议采用 URM 模式），列车通过后粉光带消失，则故障消除。

c. 若故障未消除重新进行预复位、清扫。

d. 粉光带消失则恢复正常行车，若故障依然存在安排后续列车降级运行。

（2）单个、多个计轴区段故障出现棕光带。

① 进行计轴预复位，并确认产生包络线。

② 组织列车 CBTC 模式对故障计轴区段进行清扫。

③ 待列车通过，光带消失则列车清扫成功，若故障未消除则重新进行预复位、清扫。

（3）进行行车调整，向车站发布列车延误、行车调整信息。

（4）维调发布抢修令、发布短信。

2. 乘务处置流程

（1）按行调命令动车，加强瞭望。

（2）越过禁止信号时，注意"一灯一令"或"一区间一令"。

（3）手动开关站台门、车门，必须先上站台后开门，若使用强行开门，操作完毕必须恢复。

3. 站务处置流程

（1）故障区域车站发现故障后及时汇报 OCC。

（2）按行调指令进行人工准备进路或计轴预复位工作。

（3）做好乘客解释、广播等乘客服务工作。

（4）配合做好各专业抢修工作。

（5）车站做好站台乘客引导和安全防护工作。

（6）接到行调恢复正常行车通知后，车站恢复正常行车、客运组织，并加强列车运行监控。

4. 通号处置流程

通号人员第一时间确认设备状态，进行先期处置，设备恢复正常功能后第一时间回复行调。车站进行预复位期间查看站场图区段包络确认预复位命令有效，待列车清扫完毕后，确认继电器状态，第一时间回复行调。

故障处置如下：

（1）现地工作站显示单个或多个但不连续的区段粉光带或棕光带。

① 查看放大板 1 个 OUT 亮黄灯，计轴板显示未计入轴数，输出板 CL 指示熄灭判断为放大板本身故障或者车轮传感器上方有铁磁介质物体干扰。

处理：更换放大板，若未恢复则确认室外车轮传感器是否有干扰源。

② 放大板 2 个 OUT 亮黄灯，计轴板显示未计入轴数，输出板 CL 指示熄灭，CLH 亮红灯。

处理：更换放大板，若未恢复则确认室外车轮传感器是否有干扰源。

③ 放大板 BRKDN 亮红灯，OUT 亮黄灯。

处理：

a. 更换放大板。

b. 查看车轮传感器至计轴主机，若电缆开路、短路、绝缘不合格，则更换备线。

c. 查看车轮传感器。

④ 故障区段有轴数计入时，输出板 CLH 不会亮红灯，轴数出清时，输出板 OC3 不会亮绿灯。

处理：放大机箱至计轴机箱的 8 芯电缆故障。

⑤ 各板卡灯位显示正常。

处理：

a. 若为轨道继电器故障，则更换轨道继电器。

b. 若为轨道继电器输入电压故障，则查看输入 KZ/KF 供电链路。

（2）查看现地工作站显示多个连续区段棕光带或粉光带。

① 放大板 BRKDN 亮红灯，OUT 亮黄灯。

处理：

a. 若为车轮传感器松动或故障，则进行紧固或更换。

b. 若为车轮传感器至计轴主机电缆故障，则更换备用芯线。

c. 若放大板本身故障，则进行更换。

② 放大板 OUT 亮黄灯，其他指示灯熄灭。

处理：

a. 若为放大板本身故障，则进行更换。

b. 检查车轮传感器上方是否有铁磁介质物体干扰。

③ 放大板所有指示灯均熄灭，两相邻区段的计轴板指示灯均表示为空闲状态，但输出板的 CL 指示灯熄灭，其他指示灯正常。

处理：若为放大板本身故障，则进行更换。

④ 放大板所有指示灯均熄灭，两相邻区段的计轴板指示灯均表示为空闲状态，但输出板的 CL 指示灯熄灭，一个或两个区段输出板 CLH 亮红灯，其他指示灯正常。

处理：若放大板本身故障，则进行更换。

⑤ 放大板所有指示灯均熄灭，两相邻区段的计轴板一个区段计正轴，另一区段计负轴。

处理：

a. 若放大板本身故障，则进行更换。

b. 车轮传感器安装存在问题，则进行调整或更换。

c. 若车轮传感器感应高度调试不符合要求，则进行调整。

⑥ 部分输出板 CL 指示灯熄灭，CLH 指示灯亮红灯，其他板件指示灯均表示为空闲。

处理：若为输出板或监视板故障，则进行更换。

故障二十一　车载信号故障

（一）车载简介

1. 车载 ATC

车载 ATC 设备主要分布在列车上，主要设备包括车上部分：司机人机界面 MMI（车辆提供），车载 VOBC；车底部分：速度传感器，雷达传感器，BTM 天线。车载 ATC 设备如图 2-73 所示。

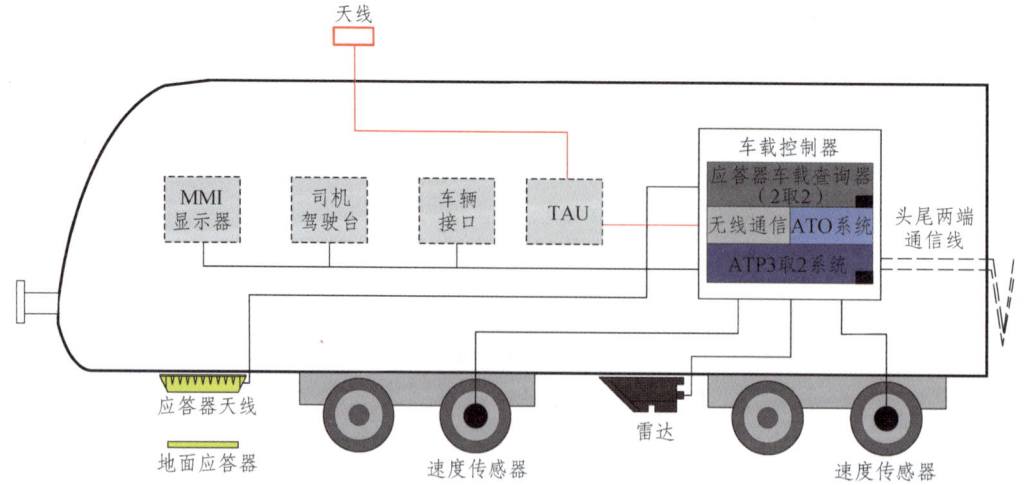

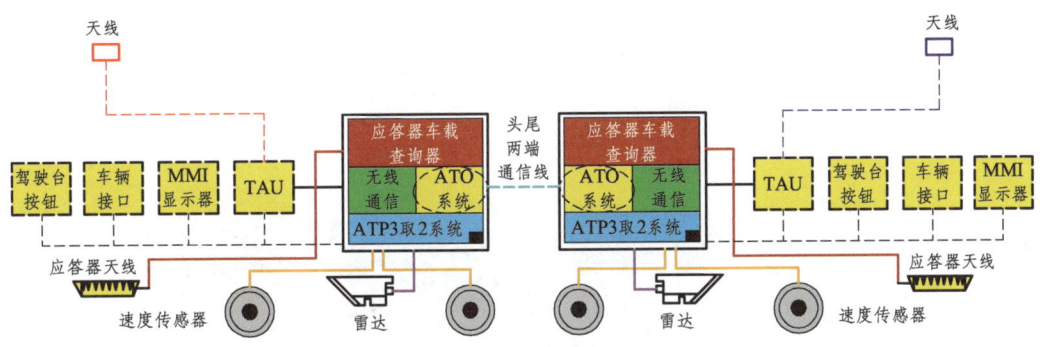

图 2-73　车载 ATC 设备分布图

2. MMI（司机人机界面）

车头、车尾各配备一套 MMI 单元设备，向司机提供驾驶信息的显示与操作控制（见图 2-74）。

图 2-74　MMI 界面图

3. 车载 VOBC 控制器

车载 VOBC 控制器实物如图 2-75 所示。

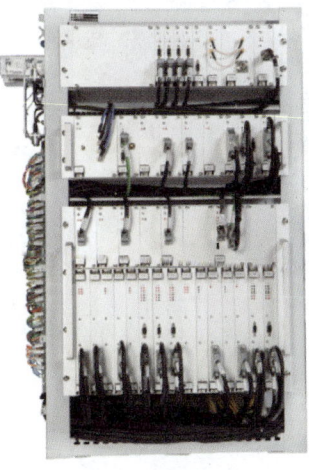

图 2-75　VOBC 控制器

4. 速度传感器

车头、车尾在不同车轴安装独立的速度传感器（见图 2-76），与雷达传感器完成冗余的速度和走行距离测算与验证。

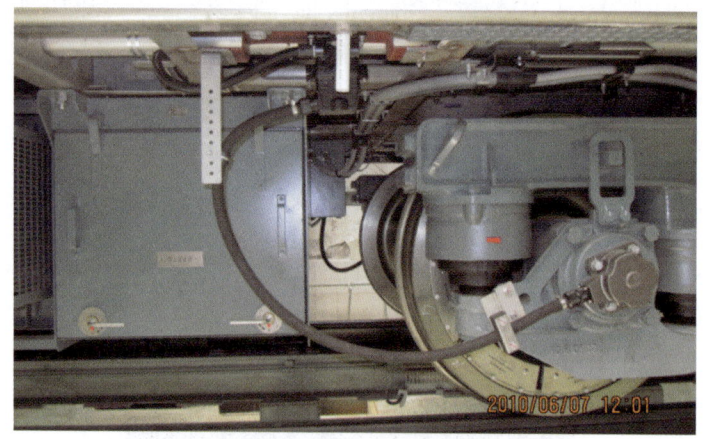

图 2-76 速度传感器实物图

5. 雷达传感器

车头、车尾分别安装一个雷达传感器（见图 2-77），与速度传感器完成冗余的列车速度和走行测算与验证，可对在线运营列车进行连续、安全可靠的定位检测，其定位精度满足列车控制和追踪间隔要求，测速设备满足工程现有的环境和工程现场条件，并符合故障—安全原则。双端雷达传感器互为冗余。

图 2-77 雷达传感器实物图

6. BTM 天线

车头、车尾各设置有一个 BTM 天线，接收地面应答器发送的报文（见图 2-78）。

图 2-78 BTM 天线实物图

（二）设备故障现象及影响

1. 当系统出现以下故障现象判断为车载设备故障

（1）正常驾驶的 CBTC 列车紧急制动。
（2）司机显示单元显示 ATP 黄叉，列车无法以 ATPM 模式运行。
（3）司机显示单元显示 ATO 红叉。

2. 故障影响

列车无法以 CBTC 模式运行，可能导致列车晚点、清客下线或救援，需按照 OCC 指令调整列车运营。若清客下线或救援，需做好车站人员疏散。

（三）故障处置流程

1. 乘务处置流程

（1）列车紧制，司机确认车载信号屏上显示图标 ▇、▇、▇，汇报行调，按行调指示执行。
（2）若 RM 无法动车，根据行调命令切除 ATC，以 URM 模式凭地面信号显示行车。
（3）URM 模式最高限速 15 km/h，过侧向道岔限速 25 km/h。严格执行先上站台后开门制度，手动开关车门、站台门。
（4）做好人工广播。

2. 调度处置流程

（1）行调接到司机故障报告后，令司机以 ATO、ATPM、RM 逐级降级尝试动车。

（2）若 RM 无法动车，令司机以 URM 模式动车。故障列车位置距离终点站大于 3 站时，指令司机本站（区间列车运行至下一站）清客、退出服务，末班载客列车继续运营至终点。

（3）进行行车调整，向车站发布列车延误、行车调整信息。

3. 站务处置流程

（1）故障区域车站发现故障后及时汇报 OCC。

（2）做好乘客解释、广播等乘客服务工作。

（3）行调通知列车清客，车站做好列车清客工作。

（4）配合做好各专业抢修工作，按行调指令处置。

（5）车站做好站台乘客引导和安全防护工作。

（6）接到行调恢复正常行车通知后，车站恢复正常行车、客运组织，并加强列车运行监控。

4. 通号处置流程

（1）正常驾驶的 CBTC 列车紧急制动。

分析：若车辆触发紧急制动先于信号请求紧急制动，则判断为车辆施加紧制；反之，为信号专业请求施加紧制。

处理方法：车辆施加紧制联系车辆进行分析处理，信号请求施加紧制下载车载数据进行分析。

（2）司机显示单元显示 ATO 红叉。

分析：ATO 供电空开落下，ATO 电源板故障，ATO 主机板故障，ATO 输入、输出板故障。

处理方法：下载数据，空开重新上电，更换 ATO 电源板，对 ATO 主机板进行刷机或更换，更换 ATO 输入、输出板。

（3）司机显示单元显示 ATP 黄叉。

分析：速度板故障，ATP 主机板故障，ATP 公共板故障，电源板故障，ATP 输入、输出板故障，继电器板故障，输入 EMC 板故障，ATP 通信板故障。

处理方法：下载数据，对故障 ATP 主机板进行刷机或更换，更换相应板卡。

故障二十二　ATS 设备故障

（一）ATS 设备简介

ATS 子系统是分布式的监控系统，分别在控制中心、设备集中站，非设备集中站，车辆段/停车场、培训中心设置了相应的 ATS 设备；设备包括：中央 ATS 设备、车站 ATS 设备、车辆段/停车场 ATS 设备、培训中心 ATS 设备等。对关键设备（如 ATS 服务器、车站分机）除了提高设备的硬件配置外，均采用双机热备的方法来保证系统的可靠性（见图 2-79～图 2-82）。

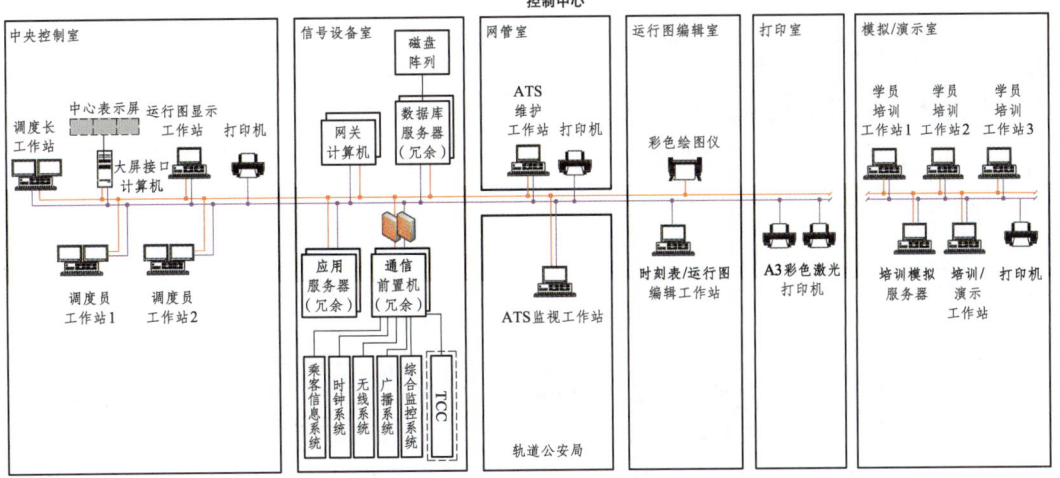

图 2-79　控制中心示意图

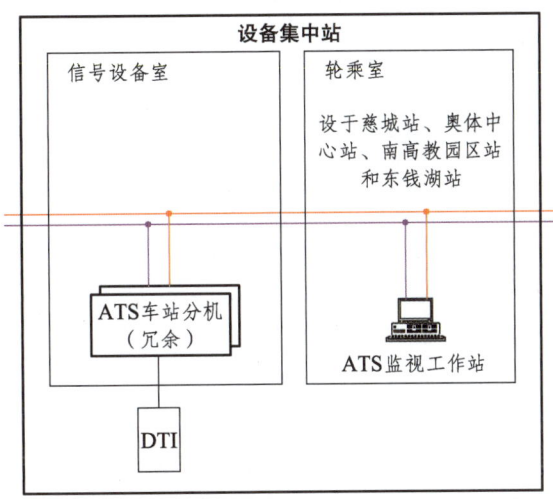

图 2-80　设备集中站示意图

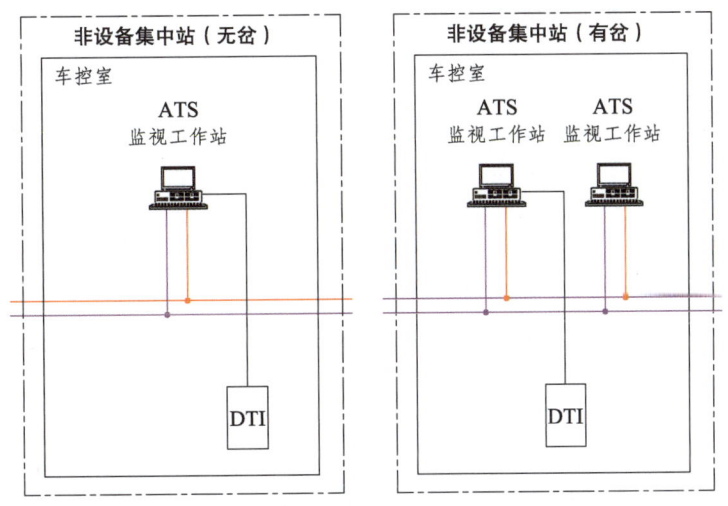

图 2-81　正线非集中站示意图

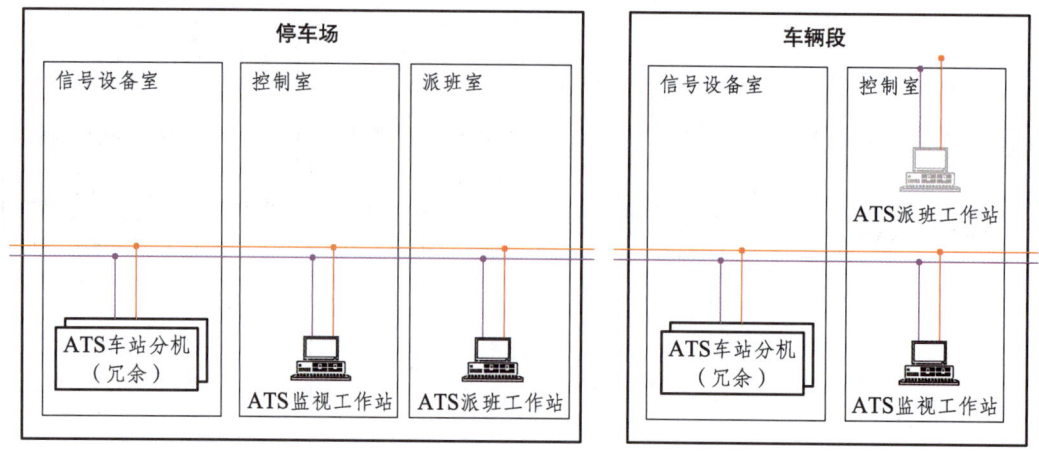

图 2-82　正线非集中站示意图

（二）设备故障现象及影响

1. 当系统出现以下故障现象判断为 ATS 设备故障

（1）车站 ATS 分机故障：调度工作站界面上故障集中站站场灰显示，现地工作站报中心通信故障，ATS 通信故障。现地工作站及中央联锁工作站显示无异常。

（2）中心 ATS 分机故障：调度工作站界面上站场灰显示，现地工作站报中心通信故障，ATS 通信故障。现地工作站及中央联锁工作站显示无异常。

2. 故障影响

中央 ATS 分机双机故障，中央无法对全线列车下达 ATS 指令。

集中站 ATS 分机双机故障，中央无法对故障区域内的列车下达 ATS 指令，故障区域内车次窗丢失，故障区域内列车无法自动触发进路。

（三）故障处置流程

1. 调度处置流程

（1）中央 ATS 服务器双机故障（全线灰显）。

① 调度与各集中站确认现地工作站显示正常，令全线车站监控列车运行（非折返集中站的进路模式改为自动通过进路模式，当列车需临时调整时，人工排列进路；折返集中站的进路模式使用自动折返模式或人工排列折返进路）。车站遇车次及进路异常情况时，应及时报告行调。

② 令全线列车司机改用 ATPM 模式驾驶进站停车。

（2）集中站 ATS 服务器故障。

① 调度与该集中站确认现地工作站显示正常，通知该集中站进行站控操作，由该集中站转站控排列进路（非折返站的进路模式改为自动通过进路模式，当列车需临时调整时，人工排列进路；折返站的进路模式使用自动折返模式或人工排列折返进路）。列车运行至正常区域时，由调度分配正确车次窗。

② 通知全线列车司机在故障区域改用 ATPM 模式驾驶进站停车。

（3）进行行车调整，向车站发布列车延误、行车调整信息。

（4）维调发布抢修令、发布短信。

2. 乘务处置流程

按行调命令运行，加强监控，发现异常及时报行调。

3. 站务处置流程

（1）故障区域车站发现故障后及时汇报 OCC。

（2）车站接行调通知将现地工作站切换至紧急站控模式再操作至站控，确认现地工作站联锁界面正常，能实现车站对故障辖区的行车监控。

（3）按行调要求进行列车位置确认及进路排列工作。

（4）做好乘客解释、广播等乘客服务工作。

（5）配合做好各专业抢修工作。

（6）车站做好站台乘客引导和安全防护工作。

（7）接到行调恢复正常行车通知后，车站恢复正常行车、客运组织，并加强列车运行监控。

4. 通号处置流程

（1）查看应用服务器应用程序，若卡滞及退出则判断为中央 ATS 应用服务器软件故障。

处理：重启中央 ATS 应用服务器主/备机软件，若重启恢复，在运营结束后进行进一步排查。

（2）查看中央 ATS 应用服务器工作状态，若中央 ATS 应用服务器主备机电源灯灭，则判断为中央 ATS 应用服务器主备机电源故障。

处理：排查中央 ATS 应用服务器电源、空开、配线，重启中央 ATS 应用服务器主备机，若重启恢复，在运营结束后进行排查；若未恢复则更换应用服务器主机。

（3）查看中央 ATS 应用服务器的网络连接情况，若中断则判定为网络连接故障。

处理：采用网络连接故障修复方法修复。

（4）查看车站 ATS 分机机柜电源指示灯灭，则判断为车站分机电源故障。

处理：排查车站 ATS 分机电源、空开、配线，重启车站 ATS 主备机，若重启恢复，在运营结束后进行排查。

（5）查看车站 ATS 车站分机应用程序，若卡滞及退出则判断为车站分机应用程序故障。

处理：重启车站 ATS 车站分机应用程序，若重启恢复，在运营结束后进行排查。

（6）查看车站 ATS 车站分机的网络连接情况，若中断则判定为网络连接故障。

处理：采用网络连接故障修复方法修复。

第三篇 供电行车故障处理

故障一 主变电所全所失电

(一) 主所简介

主变电所(简称主所)将城市电网的 110 kV 高压降压后,以 35 kV 电压等级分别供给牵引变电所和降压变电所,承担整条地铁线路的电力负荷的用电。为保证供电的可靠性,地铁线路通常设置两座或两座以上主变电所(见图 3-1)。每座主变电所设置 2 台主变压器,由城市电网地区变电站引入两路独立的 110 kV 专用线路供电,两回路同时运行,互为备用。

35 kV 侧采用单母线分段接线,两段母线间设母联断路器。正常运行时,母联断路器断开,每座主变电所的两路 110 kV 电源和 2 台主变压器(简称主变)分列运行,并通过 35 kV 馈出电缆分别向各自供电区域的负荷供电。

图 3-1 主变电所

(二) 故障现象及影响

1. 出现以下故障现象时可以判断为主变电所全所失电故障

(1) OCC 调度、主所控制室工作站报警显示。

主变电所 110 kV 1#、2#线路侧同时出现失压报警或差动保护动作跳闸，110 kV 两段进线侧均显示无电压、无电流。

（2）故障区域内所有车站大面积停电，有 UPS 电源供电的设备临时性供电。

（3）部分列车可能在区间失压停车。

2. 故障影响

故障区域内各车站大面积停电，400 V 下级信号、站台门、应急照明、公安等负荷转为 UPS 供电，冷水机组、电扶梯、广告灯箱等无 UPS 电源的负荷失电；接触网供电分区出现压降，网压低于 1000 V 的电客车迫停。

（三）故障处置流程

1. 调度处置流程

（1）电力调度（简称电调）通过 SCADA（Supervisory Control And Data Acquisition，数据采集与监视控制系统）界面查看故障报文及开关动作情况，判断是主所进线失压，全所失电。

（2）确认相应断路器保护跳闸，未跳闸时远方遥控分闸，遥控失败情况下通知现场分闸。

（3）通知受影响车场场调安排场内列车停妥降弓。

（4）行调根据需要进行行车组织调整，组织列车维持进站。

（5）电调确认具备倒切条件后，合上环网联络开关实现相邻主所支援供电。恢复供电后，通知相关专业确认设备恢复情况。

（6）行调组织恢复正常行车，电调通知场调组织列车升弓。

（7）维调发布故障短信，通知专业人员进行抢修，并通知受影响车站检查设备和电扶梯有无客伤。

（8）电调将故障主所 1#、2#主变改为冷备用状态。通知现场人员撤除支援主所和故障主所母联备自投功能，安排专业人员在环网联络处驻守。

（9）向地区调度（简称地调）了解全所失电原因，需要多长时间恢复供电。

（10）向抢修负责人了解现场情况并配合抢修。

（11）故障修复后将主变改到热备用并在非运营时间恢复正常供电。

2. 乘务处置流程

（1）发现网压低于正常电压应维持列车惰行进站停车，并汇报行调。如列车惰行不能维持进站，则按行调命令执行。

（2）当确认为大面积停电、列车停在区间时，做好乘客安抚广播，按行调命令执行区间疏散程序。疏散完毕，向行调申请收车，并在车上待令。

（3）当接触网供电恢复，按行调指令激活列车和司机台投入服务；如列车无法激活，司机应采用应急方式操作升弓。

3. 站务处置流程

（1）故障区域车站发现故障后及时汇报行调、电调。
（2）车站启动大面积停电现场处置方案。
（3）做好乘客解释、广播等乘客服务工作。
（4）车站按行调命令做好疏散或清客工作。
（5）接到行调恢复正常行车通知后，车站恢复正常行车、客运组织，并加强列车运行监控。
（6）有乘客受伤时按《非职工伤亡事件处置管理办法》流程及时进行救治。

4. 信号处置流程

（1）信号值班人员确认故障区域内设备运行情况，并立即赶往故障区域信号设备房。
（2）UPS 蓄电池供电期间对故障区域设备房安排人员进行现场保驾。
（3）条件允许情况下（如迫停列车正好处于站台处）对故障区域列车上车保驾，条件不足时值班人员利用远程监测加强列车状态观察，故障区域人员做好列车救援配合工作。
（4）及时跟进供电故障处理进度。在设备房未恢复供电前，若涉及信号集中站设备房，则直接影响该集中站所辖联锁区的所有转辙机供电，导致相关道岔无法操动。在 UPS 蓄电池供电不足告警前，对设备房负载进行下电处理，防止突然失电对设备造成电气损伤，信号后备电源设计上供电时间为 30 min，现场根据实际负载量会有适当延时。若后备电源用尽，设备下电后：非集中站影响 HMI 工作站及发车指示器显示；集中站所有信号设备不可用，中心失去对故障区的监控，CBTC 及后备模式均不可用，列车失去信号系统的防护。
（5）故障修复后，确认所有信号设备运行情况（若设备失电则进行设备上电工作）。
（6）确认设备运行无异常后出清。

5. 机自处置流程

（1）机自维修中心生产调度通知各专业加强故障区域内设备巡视。
（2）故障修复后，确保设备上电正常、运行正常。
（3）确认设备运行无异常后出清。

6. 供电处置流程

（1）若主所内 110 kV 设备无任何故障跳闸信息，且 110 kV 进线电压、负荷电流为零，可判断为上级电网故障。
处理：① 主所值班人员确认现场设备状态并汇报电调。
② 配合电调进行相邻主所支援供电倒切，检查倒切后设备状态。
③ 配合电调将故障主所 1#、2#主变改为冷备用状态，撤除支援主所和故障主所母联备自投功能。
④ 安排人员对故障影响区域内供电设备恢复情况进行检查，并前往环网联络处驻守。

⑤ 待上级电网故障修复后，配合电调倒切回正常运行方式。

⑥ 安排人员确认负荷倒切后供电设备运行情况。

（2）若OCC调度、主所控制室工作站及保护装置报线路差动保护动作，可判断为110 kV电缆故障。

处理：① 主所值班人员确认现场设备状态并汇报电调。

② 配合电调进行相邻主所支援供电倒切，检查倒切后设备状态。

③ 配合电调将故障主所 1#、2#主变改为冷备用状态，撤除支援主所和故障主所母联备自投功能。

④ 安排人员对故障影响区域内供电设备恢复情况进行检查，并前往环网联络处驻守。

⑤ 将110 kV线路侧改为检修，查找故障点并及时修复。

⑥ 待故障修复后，配合电调倒切回正常运行方式。

⑦ 安排人员确认负荷倒切后供电设备运行情况。

故障二　直流馈线动作造成接触网供电分区失电

（一）直流开关柜简介

直流开关柜设备为工作电压直流1500 V及以下、户内安装、空气绝缘的金属封闭式成套设备。主要用于直流供电系统，作为直流电能分配，实现对馈线接触网（或接触轨）等设备的测控和保护（见图3-2）。

图3-2　直流开关关柜

（二）故障现象及影响

1. 出现以下故障现象可以判断为直流馈线动作造成接触网供电分区失电故障

（1）OCC 调度、变电所控制室工作站报警显示。

××站牵混所×××馈线断路器××保护动作，自动重合闸不成功。同时，相邻××站牵混所对应×××馈线断路器邻站非框架保护联跳断路器，自动重合闸不成功。

（2）故障区域电客车失电，无法开行。

2. 故障影响

故障区域接触网失电，电客车迫停。

（三）故障处置流程

1. 调度处理流程

（1）电调通过 SCADA 界面查看故障报文及开关动作情况，确认断路器自动重合闸不成功。向相关专业通报故障信息及失电范围。

（2）行调通知故障区间内的电客车降弓。

（3）电调进行故障判断，如故障点在电客车上，通知行调组织司机进行故障处理及正线行车调整；如故障点在变电所断路器与上网隔离开关之间，通过越区供电方式恢复接触网供电；如故障点在接触网上，行调通知司机组织乘客区间疏散，并进行行车调整，组织小交路运行。

（4）维调发布故障短信，通知专业人员进行抢修。

（5）接触网恢复供电后，行调通知故障区域电客车逐列升弓，与专业确认有无限速等要求，电调安排专业人员现场驻守。

2. 乘务处理流程

（1）发现网压为"0"时，应维持列车惰行进站停车，并汇报行调。如列车惰行不能维持进站，则按行调命令执行。

（2）当确认为大面积停电、列车停在区间时，做好乘客安抚广播，按行调命令执行区间疏散程序。疏散完毕，向行调申请收车，并在车上待令。

（3）当接触网供电恢复，按行调指令激活列车和司机台投入服务；如列车无法激活，司机应采用应急方式操作升弓。

3. 站务处理流程

（1）车站接行调故障通知后做好乘客解释、广播等乘客服务工作。

（2）车站按行调命令做好区间疏散或列车清客工作。

(3)若行调通知小交路运行,相关车站做好客流组织。
(4)若需启动公交接驳,根据《车站公交接驳专项应急预案》做好公交接驳工作。
(5)接到行调恢复正常行车通知后,车站恢复正常行车、客运组织,并加强列车运行监控。

4. 信号处置流程

(1)信号值班人员立即赶往故障区域列车。
(2)条件允许情况下(如迫停列车正好处于站台处)对故障区域列车上车保驾;条件不足时值班人员利用远程监测加强列车状态观察,故障区域人员做好列车救援配合工作。
(3)故障修复后,确认列车上所有信号设备上电正常。
(4)确认设备运行无异常后出清。

5. 供电处置流程

(1)供电正线驻点人员尽快赶到故障所、相邻所确认故障情况,并汇报电调、车间调度。
(2)配合电调进行故障点判断,根据故障点位置调整运行方式,恢复接触网供电(正常情况下,由电调第一时间进行远控操作,先行恢复供电)。
(3)如故障点在接触网上,接触网人员根据《接触网故障现场处置方案》,按照"先通后复"的原则,制定故障临时修复处置方案,尽快恢复供电、通车。
(4)及时向电调申请解除故障断路器及对侧断路器联跳功能。
(5)故障修复前,安排人员在故障所、相邻所现场驻守,保障设备运行。
(6)根据《DC 1500 V 设备故障现场处置方案》,对故障开关柜进行故障排查及修复处理,确定开关柜具备送电条件。
(7)待故障修复后,及时将现场信息反馈至电调处,并配合电调恢复正常运行方式。

故障三 电流型框架保护动作造成接触网供电分区失电

(一)框架保护简介

框架泄漏保护是专门针对正极带电部分对直流供电设备柜体有泄漏电流故障时的保护措施,其保护原理是当正极对柜体外壳发生绝缘损坏时,能及时切除故障,保证系统的安全运行。

直流开关柜发生框架泄漏故障时,电流元件动作。整流机组 AC 35 kV 进线断路器以及本牵引变电所所有直流断路器全部跳闸并闭锁,同时联跳并闭锁相邻牵引变电所对应向本区段供电的直流馈线断路器。此时,故障牵引变电所解列,通过合上接触网越区隔离开关实现大双边供电,需要当地排除故障并复归电流元件,才能恢复故障牵引变电所向接触网供电。

（二）故障现象及影响

1. 出现以下故障现象时可以判断为电流型框架保护动作造成接触网供电分区失电故障

（1）OCC 调度、变电所控制室工作站显示。

××站牵混所直流框架泄漏保护电流型动作，35 kV 开关柜牵引整流机组 321、323 断路器（或 322、324 断路器）框架泄露保护跳闸。

直流进线 201、202 断路器，所有直流馈线断路器框架保护跳闸并闭锁。

同时，相邻牵混所对应直流馈线断路器框架保护联跳并闭锁。

（2）故障区域电客车失电，无法开行。

2. 故障影响

故障区域接触网失电，电客车迫停。

（三）故障处置流程

1. 调度处理流程

（1）电调通过 SCADA 界面查看故障报文及开关动作情况判断是电流型框架保护动作。向相关专业通报故障信息及失电范围。

（2）行调通知故障区间内的电客车全部降弓。

（3）电调确认故障所直流馈线断路器在分位，拉开相应的隔离开关，合上故障所越区开关，复归邻所闭锁信号并合上馈线断路器，实现大双边供电。

（4）维调发布故障短信，通知专业人员进行抢修。

（5）行调组织故障区间内的电客车逐列升弓，恢复正常行车。

（6）电调根据专业要求将两个整流变压器改为冷备用，及时跟进抢修进度。故障排除具备送电条件后，对整流机组和直流母排送电，待非运营时间恢复至正常运行方式。

2. 乘务处置流程

（1）发现网压为"0"时，应维持列车惰行进站停车，并汇报行调。如列车惰行不能维持进站，则按行调命令执行。

（2）当确认为大面积停电、列车停在区间时，做好乘客安抚广播，按行调命令执行区间疏散程序。疏散完毕，向行调申请收车，并在车上待令。

（3）当接触网供电恢复，按行调指令激活列车和司机台投入服务；如列车无法激活，司机应采用应急方式操作升弓。

3. 站务处置流程

（1）车站接行调故障通知后做好乘客解释、广播等乘客服务工作。

（2）车站按行调命令做好区间疏散或列车清客工作。

（3）若需启动公交接驳，根据《车站公交接驳专项应急预案》做好公交接驳工作。

（4）接到行调恢复正常行车通知后，车站恢复正常行车、客运组织，并加强列车运行监控。

4. 信号处置流程

（1）信号值班人员立即赶往故障区域列车。

（2）条件允许情况下（如迫停列车正好处于站台处）对故障区域列车上车保驾；条件不足时值班人员利用远程监测加强列车状态观察，故障区域人员做好列车救援配合工作。

（3）故障修复后，确认列车上所有信号设备上电正常。

（4）确认设备运行无异常后出清。

5. 供电处置流程

（1）供电正线驻点人员尽快赶到故障所、相邻所确认故障情况，并汇报电调、车间调度。

（2）配合电调调整运行方式，实现接触网大双边供电（正常情况下，由电调第一时间进行远控操作，先行恢复供电）。

（3）及时向电调申请解除故障断路器及对侧断路器联跳功能，并将两个整流变压器改为冷备用。

（4）故障修复前，安排人员在故障所、相邻所现场驻守，保障设备运行。

（5）根据《DC 1500 V 设备故障现场处置方案》，对故障开关柜进行故障排查及修复处理，确定开关柜具备送电条件。

（6）待故障修复后，及时将现场信息反馈至电调处，并配合电调恢复正常运行方式。

故障四　车站 400 V 失电

（一）400 V 系统简介

交流 400 V 系统主要设备包含进线柜、馈线柜、母联柜和动力变压器（见图 3-3）。其主要功能是通过动力变压器将交流 35 kV 降压变成交流 380 V 电压，提供给全线的动力、照明等用电负荷。交流 400 V 母线采用单母线分段接线，通过低压开关向车站各动力照明负荷供电。低压配电与照明系统用电负荷按其不同的用途和重要性分为一、二、三级负荷。

图 3-3 交流 400 V 系统

（二）故障现象及影响

1. 故障现象

（1）OCC 调度、变电所控制室工作站显示：×××变电所 400 V Ⅰ、Ⅱ段进线开关柜同时故障或失压跳闸。

（2）故障车站大面积停电，有 UPS 电源供电的设备临时性供电。

2. 故障影响

故障车站大面积停电，400 V 馈线所带的信号、站台门、应急照明、公安等负荷转为 UPS 供电，冷水机组、电扶梯、广告灯箱等无 UPS 电源的负荷失电。

（三）故障处置流程

1. 调度处理流程

（1）电调通过 SCADA 界面查看故障报文及开关动作情况，确认失电范围。电调向相关专业通报故障信息及失电范围。

（2）维调发布故障短信。通知供电人员及时赶往现场，通知车站检查设备和电扶梯有无客伤。

（3）电调根据专业需求将动力变改至冷备用状态，通知现场人员撤除 400 V 断路器自投功能。

（4）电调确认恢复一路供电后，维调通知相关专业恢复车站设备。待专业人员故障彻底排除后，电调恢复另一路 400 V 供电。

2. 站务处置流程

（1）故障区域车站发现故障后及时汇报行调、电调。
（2）车站启动大面积停电现场处置方案。
（3）做好乘客解释、广播等乘客服务工作。
（4）车站按行调命令做好疏散或清客工作。
（5）接到行调恢复正常行车通知后，车站恢复正常行车、客运组织，并加强列车运行监控。
（6）有乘客受伤时按《非职工伤亡事件处置管理办法》流程及时进行救治。

3. 信号处置流程

（1）信号值班人员确认故障区域内设备运行情况，并立即赶往故障区域信号设备房。
（2）UPS 蓄电池供电期间，对故障区域设备房安排人员进行现场保驾。
（3）及时跟进供电故障处理进度，在设备房未恢复供电前，若涉及信号集中站设备房，则直接影响该集中站所辖联锁区的所有转辙机供电，会导致相关道岔无法操动。在 UPS 蓄电池供电不足告警前，对设备房负载进行下电处理，防止突然失电对设备造成电气损伤，信号后备电源设计的供电时间为 30 min，现场根据实际负载量会有适当延时。若后备电源用尽，设备下电后，非集中站会影响 HMI 工作站及发车指示器显示；集中站所有信号设备不可用，中心失去对故障区的监控，CBTC 及后备模式均不可用，列车失去信号系统的防护。
（4）故障修复后，确认所有信号设备运行情况（若设备失电则进行设备上电工作）。
（5）确认设备运行无异常后出清。

4. 机自处置流程

（1）机自维修中心生产调度通知各专业加强故障区域内设备巡视。
（2）故障修复后，确保设备上电正常、运行正常。
（3）确认设备运行无异常后出清。

5. 供电处置流程

（1）供电正线驻点人员尽快赶到故障站确认故障情况，并汇报电调、车间调度。
（2）向电调申请将动力变改至冷备用状态，并撤除 400 V 断路器自投功能。
（3）根据《400 V 设备故障现场处置方案》依次检查 35 kV 开关柜、动力变压器、400 V 进线开关柜、400 V 母排、400 V 抽屉柜，确认故障点。
（4）隔离故障点，向电调申请恢复 400 V 其中一路供电。

（5）对故障进行修复，若故障是下级负荷故障导致的，需配合相关专业进行修复，送电前保证绝缘遥测合格。

（6）待故障修复具备送电条件后，及时将现场信息反馈至电调处，并配合电调恢复正常供电方式。

故障五　接触网断线

（一）接触网简介

接触网是在轨道交通系统中，沿钢轨上空"之"字形架设的，将牵引变电所输出的电能通过受电弓传送给电客车的高压输电系统。接触网是城市轨道交通工程的主构架，是沿轨道线路上空架设的向电客车供电的特殊形式的输电线路（见图3-4）。

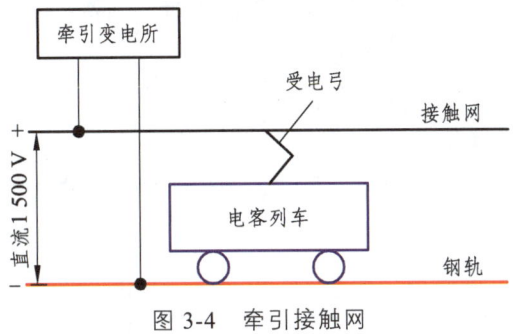

图3-4　牵引接触网

（二）故障现象及影响

1. 系统出现以下故障现象时可能判断为接触网断线故障

（1）接触网对应的牵引变电所断路器跳闸，自动重合闸不成功，涉及的供电分区失电。

（2）接触网断线后线索张力发生较大改变，现场人员发现接触线断裂等。

2. 故障影响

接触网发生断线故障将造成对应的供电分区失电，中断正常行车。如电客车运行在故障区段，可能造成电客车迫停故障区段，严重影响列车运营。需按照OCC指令调整行车组织，并组织相关人员进行抢修。

（三）故障处置流程

1. 调度处置流程

（1）电调通过SCADA界面查看故障报文及开关动作情况。向相关专业通报故障信息及失电范围。

（2）行调通知故障区间内的电客车全部降弓。

（3）维调发布故障短信，通知专业人员进行抢修。

（4）行调进行行车调整，如电客车迫停故障区段，按规定组织区间疏散，疏散完毕后封锁故障区段。

（5）电调组织现场人员添乘电客车进行故障查看，明确故障点后了解设备损坏情况、临时处置方案及故障预计修复时间，组织现场人员进行抢修，抢修过程中跟进抢修进度。

（6）确认故障修复，恢复正常供电，与专业确认有无其他要求，并要求专业驻站留守。

2. 乘务处置流程

（1）发现网压为"0"时，应维持列车惰行进站停车，若发现接触网断线则应立即停车，利用广播做好乘客安抚工作，汇报行调，按行调命令执行。

（2）当列车停在区间，行调发布区间疏散命令时，则按行调命令执行区间疏散程序。疏散完毕，向行调申请收车，并在车上待令。

（3）当接触网供电恢复，按行车调度指令激活列车和司机台投入服务；如列车无法激活，司机应采用应急方式操作升弓。

（4）因抢修需要将迫停列车出清线路时，则按行调命令做好救援连挂前的准备工作。

3. 站务处置流程

（1）车站接行调故障通知后做好乘客解释、广播等乘客服务工作。

（2）车站按行调命令做好区间疏散或列车清客工作。

（3）若需启动公交接驳，根据《车站公交接驳专项应急预案》做好公交接驳工作。

（4）接到行调恢复正常行车通知后，车站恢复正常行车、客运组织，并加强列车运行监控。

4. 供电处置流程

（1）通知驻站人员前往故障就近车站，申请进轨行区进行故障查看，如邻线电客车仍在运行，向行调申请登乘邻线电客车进入故障区段进行设备巡查。

（2）向行调申请接触网作业车参与故障抢修；通知值班汽车司机，将汽车停在指定地点等候出动。

（3）集合当值班组成员，通报故障概况，综合当日天气、调度信息等进行故障分析判断，初步制定抢修方案。

（4）到达现场，按照"先通后复"的原则，根据《接触网故障现场处置方案》进行抢修，尽快恢复供电、通车。

（5）向电调汇报设备损坏情况、处置方案及故障预计修复时间，如需邻线限速，向行调申请。

（6）确认接触网满足电客车运行条件后，人员、物料出清并汇报 OCC，如需限速要求在销令时申请。

（7）恢复供电行车后安排人员登乘观察 1~3 趟电客车。

（8）安排人员进行现场的值守保障工作。

故障六　接触网绝缘子绝缘击穿

（一）接触网绝缘子简介

接触网绝缘子是接触悬挂的主要部件之一，用于电气绝缘以隔离带电体和非带电体，使接触悬挂对地保持电气绝缘。绝缘子在接触悬挂中不仅起着电气绝缘的作用，而且还承受着一定的机械负荷。因此，要求绝缘子不但要有一定的电气绝缘性能，而且还要有一定的机械强度。

（二）故障现象及影响

1. 系统出现以下故障现象时可判断为接触网绝缘子绝缘击穿故障

（1）接触网对应牵引变电所断路器跳闸，重合闸不成功，涉及的供电分区失电。

（2）接触网绝缘子绝缘性能破坏，形成导电通道，绝缘子出现严重放电烧伤痕迹。

2. 故障影响

接触网绝缘子发生绝缘击穿，将造成对应的供电分区失电，中断正常行车。如电客车运行在故障区段，可能造成电客车迫停故障区段，严重影响列车运营。需按照 OCC 指令调整行车组织，并组织相关人员进行抢修。

（三）故障处置流程

1. 调度处置流程

（1）电调通过 SCADA 界面查看故障报文及开关动作情况，向相关专业通报故障信息及失电范围。

（2）行调通知故障区间内的电客车全部降弓。

（3）维调发布故障短信，通知专业人员进行抢修。

（4）行调进行行车调整，如电客车迫停故障区段，按规定组织区间疏散，疏散完毕后封锁故障区段。

（5）组织现场人员添乘电客车进行故障查看，明确故障点后了解设备损坏情况、临时处置方案及故障预计修复时间，组织现场人员进行抢修，抢修过程中跟进抢修进度。

（6）确认故障修复，恢复正常供电，与专业确认有无其他要求。

2. 乘务处置流程

（1）发现网压为"0"时，应维持列车惰行进站停车，并汇报行调。如列车惰行不能维持进站，则按行调命令执行。

（2）当确认为接触网失电、列车停在区间时，利用广播做好乘客安抚工作，按行调命令执行区间疏散程序。疏散完毕，向行调申请收车，并在车上待令。

（3）当接触网供电恢复，按行调指令激活列车和司机台投入服务；如列车无法激活，司机应采用应急方式操作升弓。

3. 站务处置流程

（1）车站接行调故障通知后做好乘客解释、广播等乘客服务工作。

（2）车站按行调命令做好区间疏散或列车清客工作。

（3）若需启动公交接驳，根据《车站公交接驳专项应急预案》做好公交接驳工作。

（4）接到行调恢复正常行车通知后，车站恢复正常行车、客运组织，并加强列车运行监控。

4. 供电处置流程

（1）通知驻站人员前往故障就近车站，申请进轨行区进行故障查看，如邻线电客车仍在运行，向行调申请登乘邻线电客车进入故障区段进行设备巡查。

（2）向OCC申请接触网作业车参与故障抢修；通知值班汽车司机，将汽车停在指定地点等候出动。

（3）集合当值班组成员，通报故障概况，综合当日天气、调度信息等，进行故障分析判断，初步制定抢修方案。

（4）到达现场，按照"先通后复"的原则，根据《接触网故障现场处置方案》进行抢修，尽快恢复供电、通车。

（5）向OCC调度汇报设备损坏情况、处置方案及故障预计修复时间。

（6）确认接触网满足电客车运行条件后，人员、物料出清并汇报OCC，申请恢复正常行车。

第四篇

机自行车故障处理

项目一　站台门专业

【站台门系统简介】

1. 站台门控制系统

站台门控制系统包括中央接口盘（PSC）、紧急后备盘（IBP）、就地控制盘（PSL）、门控单元（DCU）、就地控制盒（LCB）以及控制局域网、软件、监视报警装置和网间通信协议转换器、安全继电器回路设备、通信介质及通信接口模块等（见图4-1）。

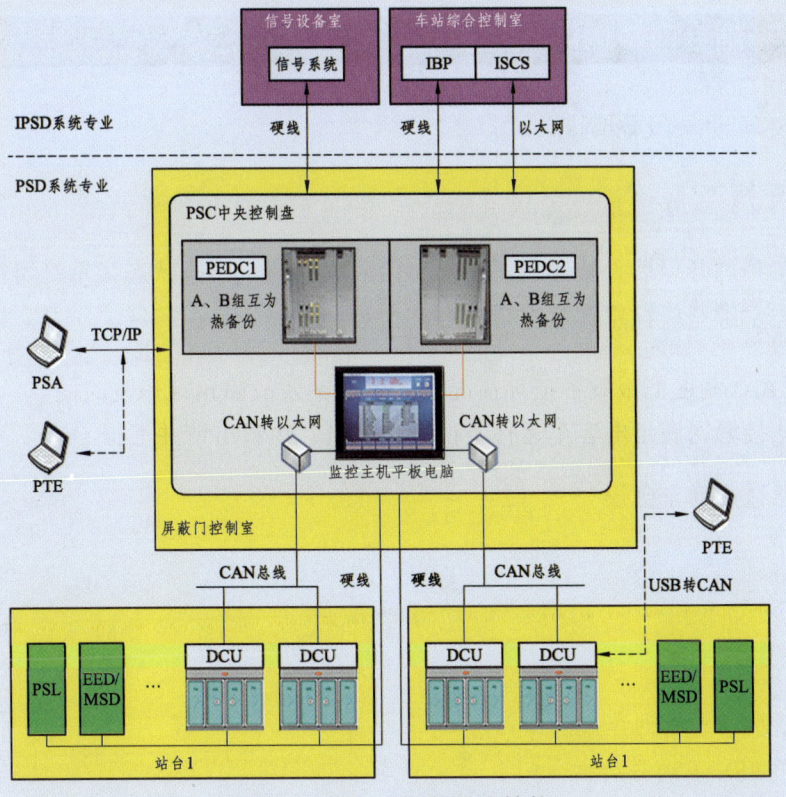

图4-1　站台门控制系统结构

133

2. 站台门机械结构

站台门机械结构主要由门体结构和门机系统两部分组成，其中门体结构包含滑动门、应急门、端门、固定门、顶箱、侧盒及承重结构，门机系统主要包含驱动装置、传动装置和锁紧装置等（见图4-2）。

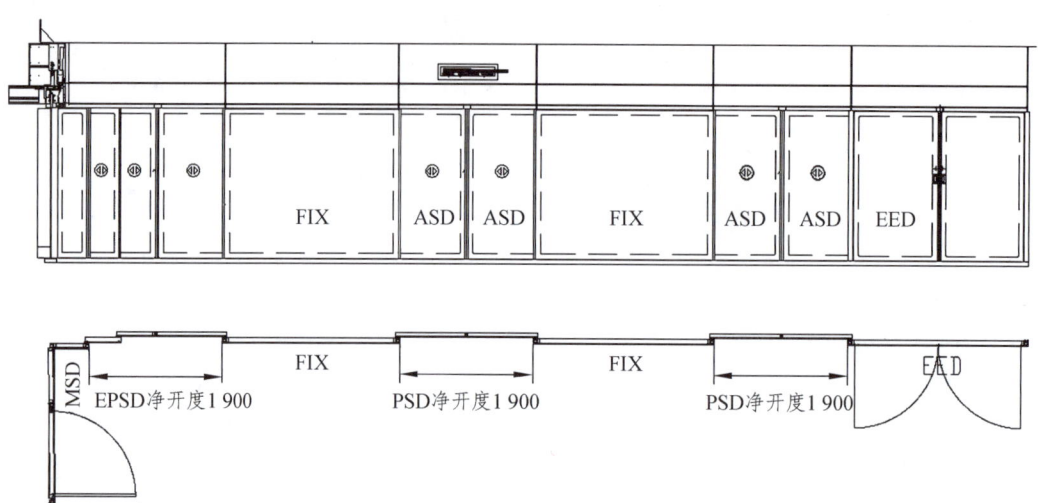

图 4-2　站台门机械结构

故障一　站台门整侧门不能自动打开

（一）故障现象及影响

1. 出现以下故障现象时可以判断为整侧门不能自动打开故障

（1）列车到站开门后，整侧门不能随车门一起打开，门头状态指示灯可能闪烁。
（2）车控室综合监控工作站上可能有开门故障报警。

2. 故障影响

（1）整侧门不能打开，乘客无法正常上下列车。
（2）可能造成列车延误。

（二）故障处置流程

1. 乘务处置流程

（1）重新按压一次列车开门按钮。
（2）操作 PSL 手动开启站台门。
（3）汇报行调，按其指示执行。（行调通知车控室 IBP 盘尝试开门。）

（4）如门仍未打开，则人工广播引导乘客手动开启站台门下车，适当延长停站时间。

（5）关闭车门，收到速度码后，确认站台"好了"手信号动车（站务操作互锁解除）。

2. 调度处置流程

（1）司机操作PSL无法开门时，行调令车站操作IBP盘尝试开门。

（2）车站操作IBP盘仍无法开门时，行调令车站采用"隔三开一"方式打开站台门，以互锁解除方式接发列车。

（3）行调令司机乘客上下完毕后关门，凭车站人员"好了"信号动车。

（4）故障修复前，行调通知后续列车该站已采用互锁解除方式接发列车。

（5）行调向车站发布列车延误信息。

（6）维调通报故障、发布短信。

3. 站务处置流程

（1）车站接到故障汇报后及时报行调，并查看综合监控和IBP盘站台门状态。

（2）按行调命令操作IBP盘尝试开门。

（3）若IBP盘尝试开门无效，按行调命令对站台门进行"隔三开一"，确认乘客上下完毕且站台安全后，向司机显示"好了"信号，并以互锁解除方式接发列车。

（4）做好站台安全防护和乘客解释等服务工作。

（5）接到行调恢复正常行车通知后，车站恢复正常行车、客运组织，并加强列车运行监控。

4. 机自处置流程

（1）查看PSL控制面板和IBP站台门控制面板，若"操作允许"指示灯点亮，则判断为高优先级控制系统激活后低优先级控制系统被冻结。

处理：将IBP或PSL"操作允许"关闭。

（2）查看站台门监控信息，若故障时刻无"信号系统开门"命令记录，则判断为可能未收到信号级开门命令。

处理：将情况反馈给调度和信号专业，要求信号专业同步排查。

（3）查看电源柜空开，确认开门相关空开跳闸。

处理：检查跳闸原因，并尝试合闸。

（4）查看中央接口盘内开门相关元器件，确认PEDC/继电器故障。

处理：更换PEDC/继电器。

（5）查看中央接口盘内开门相关线路，确认线路松脱。

处理：重新紧固。

故障二　站台门整侧门不能自动关闭

（一）故障现象及影响

1. 出现以下故障现象时可以判断为整侧门不能自动关闭故障

（1）列车关门后，整侧门不能随列车门一起关闭，门头状态指示灯长亮或闪烁，车控室综合监控工作站上可能有关门故障报警，IBP 及 PSL 上的门关闭且紧锁指示灯不亮。

（2）电客车信号屏显示站台门未关好图标，列车不能动车离站。

2. 故障影响

可能造成列车延误。

（二）故障处置流程

1. 乘务处置流程

（1）重新按压一次列车关门按钮。
（2）操作 PSL 手动关闭站台门。
（3）如仍不能关闭，汇报行调，按行调指令动车。（行调通知车控室 IBP 盘尝试关门或操作互锁解除发车。）

2. 调度处置流程

（1）司机操作 PSL 无法关门时，行调令车站操作 IBP 盘尝试关门。
（2）车站操作 IBP 盘仍无法关门时，行调令车站以互锁解除方式接发列车。
（3）司机按行调令在乘客上下完毕后关门，凭车站人员"好了"信号动车。
（4）故障修复前，行调通知后续列车该站已采用互锁解除方式接发列车。
（5）行调向车站发布列车延误信息。
（6）维调通报故障、发布短信。

3. 站务处置流程

（1）车站接到故障汇报后及时报行调，并查看综合监控和 IBP 盘站台门状态。
（2）按行调命令操作 IBP 盘尝试关门。
（3）若 IBP 盘尝试关门无效，按行调命令确认乘客上下完毕且站台安全后，向司机显示"好了"信号，并以互锁解除方式接发列车。
（4）做好站台安全防护和乘客解释等服务工作。
（5）接到行调恢复正常行车通知后，车站恢复正常行车、客运组织，并加强列车运行监控。

4. 机自处置流程

（1）查看 PSL 控制面板和 IBP 站台门控制面板，若"操作允许"指示灯点亮，则判断为高优先级控制系统激活后低优先级控制系统被冻结。

处理：将 IBP 或 PSL "操作允许"关闭。

（2）查看站台门监控信息，若故障时刻无"信号系统关门"命令记录，则判断为可能未收到信号级关门命令。

处理：将情况反馈给调度和信号专业，要求信号专业同步排查。

（3）查看电源柜空开，确认关门相关空开跳闸。

处理：检查跳闸原因，并尝试合闸。

（4）查看中央接口盘内关门相关元器件，确认 PEDC/继电器故障。

处理：更换 PEDC/继电器。

（5）查看中央接口盘内关门相关线路，确认线路松脱。

处理：重新紧固。

故障三　安全回路中断导致列车无法进站或出站

（一）故障现象及影响

1. 出现以下故障现象时可以判断为安全回路故障

（1）因特殊原因导致站台门被挤开或其他故障，导致门头状态指示灯长亮或闪烁。

（2）车控室综合监控工作站上可能有门关闭且锁紧故障报警，IBP 及 PSL 上的门关闭且紧锁指示灯不亮。

（3）电客车信号屏显示站台门未关好图标，列车无法进站、进站的列车紧制、列车无法出站、出站的列车紧制。

2. 故障影响

可能造成列车延误。

（二）故障处置流程

1. 乘务处置流程

列车进、出站过程中自动或紧急停车：
（1）通过信号屏查看是否有站台门图标显示，并报行调。
（2）如自动停车后收到速度码，列车可继续运行；收不到速度码按行调指令动车。

列车无法出站时：
（1）如 PSL 门关闭锁紧指示灯点亮，汇报行调，凭行调指令动车。

（2）如 PSL 门关闭锁紧指示灯不亮，司机重新开、关一次，仍不亮时，汇报行调，由行调通知车站人员操作 PSL 互锁解除，司机凭速度码动车；或按行调指令 RM 模式动车。

2. 调度处置流程

（1）列车未进站时，行调令车站确认站台安全，以互锁解除方式接发列车。

（2）列车进站发生紧制时，行调令司机以 RM 模式进站，令车站以互锁解除方式接发列车。

（3）列车未出站时，行调令车站以互锁解除方式接发列车。

（4）行调令司机凭车站人员"好了"信号动车。

（5）列车出站发生紧制时，行调令司机以 RM 模式出站，收到速度码后按正常模式驾驶。

（6）故障修复前，行调通知后续列车该站已采用互锁解除方式接发列车。

（7）行调向车站发布列车延误信息。

（8）维调通报故障、发布短信。

3. 站务处置流程

（1）车站接到故障汇报后及时报行调，并查看综合监控和 IBP 盘站台门状态。

（2）列车未进站时，按行调命令确认站台安全后，以互锁解除方式接车。乘客上下完毕、站台安全后，向司机显示"好了"信号，并以互锁解除方式接发列车。

（3）列车进站发生紧制时，按行调命令确认乘客上下完毕站台安全后，向司机显示"好了"信号，并以互锁解除方式接发列车。

（4）列车未出站时，按行调命令确认乘客上下完毕站台安全后，向司机显示"好了"信号，并以互锁解除方式接发列车。

（5）做好站台安全防护和乘客解释等服务工作。

（6）接到行调恢复正常行车通知后，车站恢复正常行车、客运组织，并加强列车运行监控。

4. 机自处置流程

（1）查看站台门监控信息，有具体位置的滑动门、应急门故障报警，站台故障滑动门、应急门门头灯常亮或闪烁。

处理：对故障门体进行应急处置。经车站及行调同意后，利用行车间隔进行故障处理。

（2）查看电源柜空开，确认安全回路相关空开跳闸。

处理：检查跳闸原因，并尝试合闸。

（3）查看中央接口盘内的 PEDC（Platform Emergency Door Controller，地铁屏蔽门控制器）和安全回路相关继电器，确认 PEDC/继电器故障。

处理：更换 PEDC/继电器。

(4)查看安全回路相关线路，使用"二分法"快速找出问题点，确认线路松脱。
处理：重新紧固。

故障四　单个门体玻璃龟裂或破碎

（一）故障现象及影响

1. 故障现象

站台两侧站台门门体（滑动门、端门、应急门、固定门）发生玻璃龟裂或破碎。

2. 故障影响

玻璃破碎后可能会掉入轨行区或钢轨上，造成侵限，影响行车。

（二）故障处置流程

1. 站务处置流程

（1）车站接到故障汇报后及时报行调，并查看综合监控和 IBP 盘站台门状态。
（2）接行调通知做好站台安全防护措施。
（3）若需进入轨行区处理时，按行调命令利用行车间隔做好防护后处理。
（4）做好站台安全防护和乘客解释等服务工作。
（5）接到行调恢复正常行车通知后，车站恢复正常行车、客运组织，并加强列车运行监控。

2. 乘务处置流程

发现站台门玻璃破裂时，判断是否影响行车：
（1）若不影响行车，司机将情况汇报行调，按行调指令限速运行。
（2）若侵限影响行车，应立即停车，将情况汇报行调，按行调指示执行，并做好临时停车广播安抚乘客。

3. 调度处置流程

（1）行调通知车站做好站台安全防护措施。
（2）行调向司机发布进出站限速 25 km/h 运行命令。
（3）车站需进入轨行区进行处理时，行调通知车站利用行车间隔处理。
（4）行调向车站发布列车延误信息。
（5）维调通报故障、发布短信。

4. 机自处置流程

（1）查看视频监控，确认故障原因（人为或自爆）。

（2）协调运输，将门体备件送达指定车站。

（3）停运后，进行故障门体更换。

（4）完成更换后，对故障单元门做三次开关试验，对相应侧的站台门进行一次整侧门开关试验。

项目二　给排水专业

【地下站消防系统简介】

地下站消防系统管网全部为环状布置（见图4-3）。由室外引入两路DN150的给水管，进入消防泵房。经消防泵加压后，与车站独立的DN150消防环状管网相接，并由站台层两端进入区间，区间设DN150的消防给水干管。地下区间消火栓仅设栓口，不设消火栓箱。

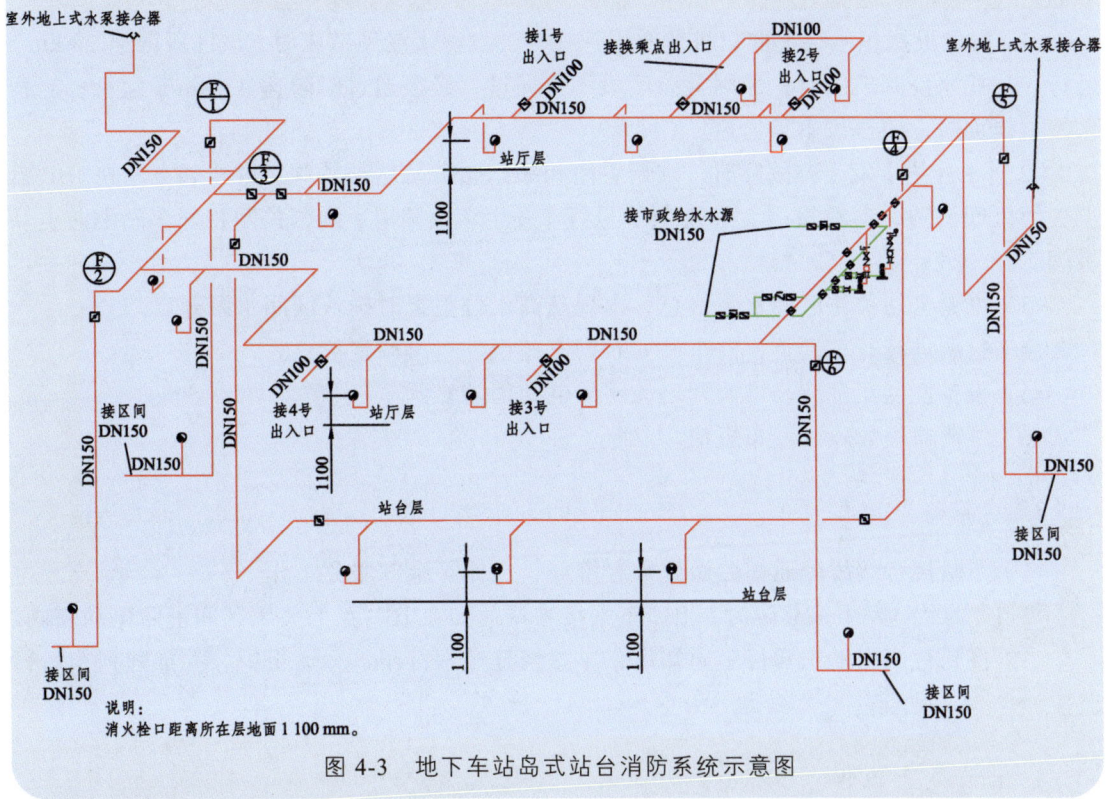

说明：消火栓口距离所在层地面1100 mm。

图4-3　地下车站岛式站台消防系统示意图

故障五　区间消防管爆裂造成区间水淹

（一）故障现象及影响

故障表现：区间消防管爆裂造成区间水淹。
故障影响：影响行车。

（二）故障处置流程

1. 乘务处置流程

运行中发现线路有积水时，应及时减速，判断积水深度，汇报行调，并按下列指引或命令行车。

（1）当积水浸到道床时，该区段限速 25 km/h。

（2）当积水浸到轨腰时，原则上该区段不得通过，必须通过时，限速 15 km/h，此时司机应谨慎驾驶，尽量以惰行方式通过。

（3）当积水漫过轨面时，该区段不得通过。

2. 调度处理流程

（1）行调根据积水情况向司机发布限速命令。当积水浸到道床时，该区段限速 25 km/h 运行；当积水浸到轨腰时，原则上该区段不得通过，必须通过时限速 15 km/h 运行；当积水漫过轨面时，该区段不得通过。

（2）【1号线】发生该故障时，维调关闭相邻车站消防电动蝶阀，令相邻车站在 IBP 盘上关闭区间消防电动蝶阀；【2号线】【3号线】发生该故障时，维调关闭相邻车站消防电动蝶阀。

（3）维调密切关注区间水泵信息，出现超高水位报警时确认区间水泵开启。

（4）行调进行行车调整，向车站发布列车延误、行车调整信息。

（5）设备恢复正常后，维调开启关闭的电动消防蝶阀。

（6）维调通报故障、发布短信。

3. 站务处置流程

（1）车站接行调故障通知后做好乘客解释、广播等乘客服务工作。

（2）【1号线】发生该故障时，相邻车站接维调通知在 IBP 盘上关闭区间消防电动蝶阀。

（3）接到行调恢复正常行车通知后，车站恢复正常行车、客运组织，并加强列车运行监控。

4. 机自处置流程

（1）通过机自维修中心生产调度、维修设备调度联系协调车站人员紧急关闭爆管两端区间电动蝶阀。

（2）机自人员到达事故现场后，应先确认漏水管道上的控制阀门是否关闭严密，检查该区间排水设施是否正常。

（3）若有脱落的消防管侵限的情况，第一时间通知机自维修中心生产调度，由机自维修中心生产调度告知行调，在行调发出抢修命令后及时出清线路上的管道，确保最快时间恢复运营。

（4）检查该区间积水情况，并根据检查情况决定是否立即组织抢修，是否启用应急排水泵。

（5）若不能保证列车安全运行，需立即进行抢修，向维修设备调度汇报情况，进行请点，进入区间进行抢修。

（6）若不直接影响列车安全运行，可以不需立即进行抢修，向维修设备调度说明情况后，利用夜间请点进行抢修。

（7）抢修工作完毕后，立即向机自维修中心生产调度、维修设备调度及相关领导汇报抢修情况，并进行销点。

项目三　环控专业

【射流风机简介】

　　射流风机主要用于区间隧道的纵向通风系统中，风机一般悬挂在隧道顶部或两侧（见图4-4）。

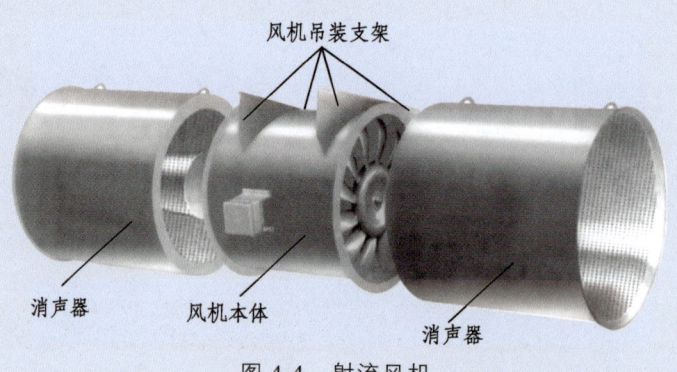

图4-4　射流风机

故障六　轨顶风阀叶片松脱，掉落轨行区

（一）故障现象及影响

故障表现：轨顶风阀叶片松脱，掉落轨行区。
故障影响：影响行车。

（二）故障处置流程

1. 乘务处置流程

　　发现区间有异物时，判断是否影响行车，根据情况采取停车措施或减速措施，并将情况汇报行调。
　　（1）若不影响行车，司机将情况汇报行调，按行调指示执行。
　　（2）若侵限影响行车，应立即停车，将情况汇报行调，按行调指示执行，并做好临时停车广播安抚乘客。

2. 调度处置流程

　　（1）行调通知司机或车站移除异物，无法移除时安排机自人员处理。

（2）维调关闭该轨顶风阀对应的风机运行。
（3）行调进行行车调整，向车站发布列车延误、行车调整信息。
（4）维调通报故障、发布短信。

3. 站务处置流程

（1）车站接行调故障通知后做好乘客解释、广播等乘客服务工作。
（2）接到行调恢复正常行车通知后，车站恢复正常行车、客运组织，并加强列车运行监控。

4. 机自处置流程

（1）机自维修中心向行调请点抢修进入轨行区清理。
（2）机自人员对脱落的轨顶风阀叶片进行移除，收车后回装修复。
（3）机自人员抢修完成后，向维修设备调度、机自中心生产调度及相关领导汇报情况，并进行销点处理。

故障七　射流风机脱落

（一）故障现象及影响

故障表现：射流风机脱落。
故障影响：影响行车。

（二）故障处置流程

1. 乘务处置流程

发现区间有异物时，判断是否影响行车，根据情况采取停车措施或减速措施，并将情况汇报行调。
（1）若不影响行车，司机将情况汇报行调，按行调指示执行。
（2）若侵限影响行车，应立即停车，将情况汇报行调，按行调指示执行，并做好临时停车广播安抚乘客。

2. 调度处置流程

（1）行调通知司机或车站移除异物，无法移除时安排机自人员处理。
（2）维调确认射流风机处于运行状态时，关闭该设备。
（3）行调进行行车调整，向车站发布列车延误、行车调整信息。
（4）维调通报故障、发布短信。

3. 站务处置流程

（1）车站接行调故障通知后做好乘客解释、广播等乘客服务工作。

（2）接到行调恢复正常行车通知后，车站恢复正常行车、客运组织，并加强列车运行监控。

4. 机自处置流程

（1）机自维修中心向行调、电调请点进行抢修，首先进入射流风机电控室对射流风机进行断电操作。

（2）机自人员对脱落的射流风机进行移除，收车后回装修复。

（3）机自人员抢修完成后，向维修设备调度、机自中心生产调度及相关领导汇报情况，并进行销点处理。

项目四　低压供电专业

【区间照明简介】

地铁区间照明是司机瞭望、隧道检修、应急疏散的重要保障装置（见图 4-5）。

图 4-5　地铁区间照明示例

故障八　区间照明灯具脱落

（一）故障现象及影响

故障表现：区间照明灯具脱落。
故障影响：影响行车。

（二）故障处置流程

1. 乘务处置流程

发现区间有异物时，判断是否影响行车，根据情况采取停车措施或减速措施，并将情况汇报行调。

（1）若不影响行车，司机将情况汇报行调，按行调指示执行。

（2）若侵限影响行车，应立即停车，将情况汇报行调，按行调指示执行，并做好临时停车广播安抚乘客。

2. 调度处置流程

（1）行调通知司机或车站移除异物，无法移除时安排机自人员处理。

（2）【1号线】【2号线】发生该故障时，维调确认灯具处于照明状态时，在综合监控HMI上关闭照明；【3号线】发生该故障时，维调通知车站关闭照明。

（3）行调进行行车调整，向车站发布列车延误、行车调整信息。

（4）维调通报故障、发布短信。

3. 站务处置流程

（1）车站接行调故障通知后做好乘客解释、广播等乘客服务工作。

（2）【3号线】发生该故障时，车站接维调通知关闭照明。

（3）接到行调恢复正常行车通知后，车站恢复正常行车、客运组织，并加强列车运行监控。

4. 机自处置流程

（1）如只是部分脱落，不会完全脱落影响接触网，要求车辆限速运行，机自人员添乘，实时监控脱落情况。收车后请点修复。

（2）如灯具脱落对接触网造成影响，机自维修中心向行调、电调请点，相应接触网停电挂接地线进行抢修，移除脱落灯具。

（3）抢修完成后进行销点，并向相关领导汇报情况。

项目五　FAS 专业

【隧道感温光纤简介】

隧道温度探测系统（Detecting Temperature System）是利用敷设在隧道内的感温光纤作为线性感温探测器的火灾报警系统。隧道光缆安装截面图如图 4-6 所示。

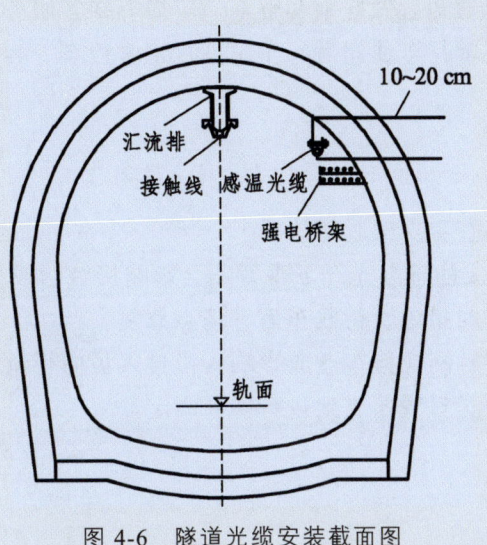

图 4-6　隧道光缆安装截面图

故障九　区间隧道感温光纤（DTS）支架脱落

（一）故障现象及影响

故障表现：区间 DTS 支架脱落。
故障影响：影响行车。

（二）故障处置流程

1. 乘务处置流程

发现区间有异物时，判断是否影响行车，根据情况采取停车措施或减速措施，并将情况汇报行调。

（1）若不影响行车，司机将情况汇报行调，按行调指示执行。

（2）若侵限影响行车，应立即停车，将情况汇报行调，按行调指示执行，并做好临时停车广播安抚乘客。

2. 调度处置流程

（1）行调通知司机或车站移除异物，无法移除时安排机自人员处理。
（2）行调进行行车调整，向车站发布列车延误、行车调整信息。
（3）维调通报故障、发布短信。

3. 站务处置流程

（1）车站接行调故障通知后做好乘客解释、广播等乘客服务工作。
（2）接到行调恢复正常行车通知后，车站恢复正常行车、客运组织，并加强列车运行监控。

4. 机自处置流程

（1）机自人员添乘，查看支架脱落情况。
（2）如支架脱落后造成的感温光纤下垂暂不会影响接触网或行车，要求车辆限速运行，同时机自人员采取必要临时措施，待收车后，请点修复。
（3）如支架脱落对接触网或行车造成影响，机自人员向行调、电调请点，相应接触网停电、挂接地线，机自人员对脱落支架进行重新固定。

第五篇 工务行车故障处理

工务专业影响行车类故障的处置原则：坚持"先通后复""先救人、后救物；先全面、后局部"的原则。

故障一　列车挤岔

（一）道岔简介

道岔是一种使电客车从一股道转入另一股道的线路连接设备，也是轨道的薄弱环节之一，通常在场段、折返线大量铺设。有了道岔，可以充分发挥线路的通过能力，通岔在线路上起到重要作用。

由于道岔具有数量多、构造复杂、使用寿命短、限制列车速度、养护维修投入大等特点，与曲线、接头并称为轨道的三大薄弱环节。它的基本形式有三种：线路的连接、交叉、连接与交叉的组合，常用的道岔类型有单开道岔（见图5-1）、双开道岔、三开道岔、复式交分道岔、交叉渡线等。道岔由转辙部分、连接部分、辙叉及护轨三部分组成。

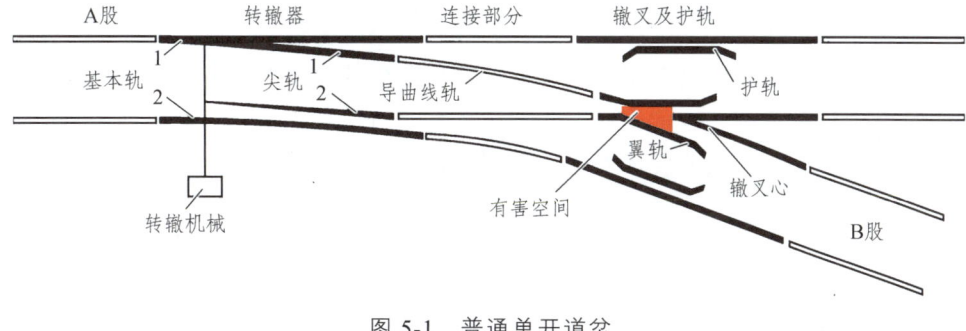

图 5-1　普通单开道岔

（二）列车挤岔故障现象及影响

1. 以下条件同时满足则可以判断为列车挤岔故障

（1）信号系统调度工作台道岔红闪失去表示并有挤岔告警且道岔区段有列车占用；

（2）经专业人员现场确认，尖轨与基本轨挤开，道岔既不在定位，也不在反位，呈四开状态。

2. 故障影响

列车挤岔易导致道岔、车辆和其他重要行车设备损坏，并可能发生列车出轨掉道和倾覆。

（三）故障处置流程

1. 调度处置流程

1）正线发生挤岔故障时

（1）行调发布调度命令封锁故障区域。

（2）维调发布抢修令、发布短信。

（3）行调组织故障抢修，确认现场抢修负责人、联系方式，跟进抢修进度。根据专业需求，通知场调组织救援车组上线。

（4）电调根据抢修专业需要组织对故障区域供电分区停电，联系现场专业挂地线。

（5）行调进行行车调整，向车站发布列车延误、行车调整信息。

（6）抢修完毕后，按专业要求限速，恢复正常行车组织。

2）车场发生挤岔故障时

（1）场调发布调度命令封锁故障区域。收发车作业期间，进行收发车作业调整并向行调汇报。

（2）维调发布抢修令、发布短信。

（3）场调组织故障抢修，确认现场抢修负责人、联系方式，跟进抢修进度。根据专业需求组织救援车组救援。

（4）电调根据抢修专业需要组织故障区域供电分区停电，联系现场专业挂地线。

（5）行调进行行车调整，向车站发布列车延误、行车调整信息。

（6）抢修完毕后，按专业要求限速，恢复正常行车组织。

2. 站务处置流程

（1）故障区域车站发现故障后及时汇报行调。

（2）做好乘客解释、广播等乘客服务工作。

（3）车站按行调命令做好列车清客工作。

（4）接到行调恢复通车后，车站恢复正常行车、客运组织，并加强列车运行监控。

3. 车辆处置流程

（1）运维支持员接到行调通知后，立即启动《列车脱轨现场处置方案》应急预案，通知车辆救援队及救援车赶赴现场。

（2）救援队及救援设备到达现场后，救援队现场负责人确认列车挤岔状态。

① 如列车车轮已脱轨，则根据《列车脱轨现场处置方案》流程进行挤岔脱轨救援复位。

② 如列车车轮未脱轨，并经现场初步检查确认转向架及车轮无异常，则根据现场实际情况安排列车限速 25 km/h 就近存车线、折返线存放或直接回库，进行进一步的检查。

（3）如列车挤岔脱轨，并经挤岔脱轨救援复位成功。

① 如挤岔脱轨发生于正线运营期间，则组织电客车进行连挂救援，就近存车线或折返线存放，待运营结束后再安排电客车或工程车进行连挂救援回库。

② 如挤岔脱轨发生于正线非运营期间，则就近安排电客车或工程车组织连挂救援，并根据现场实际情况安排存车线、折返线存放或直接回库。

③ 如挤岔脱轨发生于段场，则组织工程车连挂救援，并安排回库。

4. 工务处置流程

1）挤岔未造成设备损坏不需要更换备件

（1）折返道岔。

处理：接调度通知，立即启动《列车挤岔故障》应急预案，工务人员准备相关工机具、材料赶赴现场。工务人员到达指定地点车控室进行登记，征得行调同意后进入轨行区进行抢险，抢险以"先急后缓、先通后复"为原则。

按照工务负责人要求将列车退出故障道岔，工务人员对道岔各部进行确认，若设备各部件无明显损坏、各部几何尺寸均在养修标准范围内、满足列车通行条件，利用钩锁器对基本轨及相邻尖轨进行锁定，更换道岔进行折返（若折返线为单渡线，工务和通号人员立即中断故障道岔进行整修、恢复），并在当日非运行时间与通号人员共同对该组道岔进行全面检查、整修，工务人员驻站保障并加强添乘检查。

（2）正线（场段）道岔。

处理：接调度通知，立即启动《列车挤岔故障》应急预案，工务人员准备相关工机具、材料赶赴现场。工务人员到达指定地点车控室进行登记，征得行调同意后进入轨行区进行抢险，抢险以"先急后缓、先通后复"为原则。

按照工务负责人要求将列车退出故障道岔，工务人员对道岔各部进行确认，若设备各部件无明显损坏、各部几何尺寸均在养修标准范围内、满足列车通行条件，利用钩锁器对正位基本轨及相邻尖轨进行锁定后放行列车，并在当日非运行时间与通号人员共同对该组道岔进行全面检查、整修，工务人员驻站保障并加强添乘检查。

2）挤岔造成设备损坏需更换备件

（1）折返道岔。

处理：接调度通知，立即启动《列车挤岔故障》应急预案，工务人员准备相关工机具、材料赶赴现场。工务人员到达指定地点车控室进行登记，征得行调同意后进入轨行区进行抢险,抢险以"先急后缓、先通后复"为原则。

按照工务负责人要求将列车退出故障道岔,由工务人员与通号人员共同确认道岔的伤损情况,然后对损坏部件进行更换并调试,最后利用钩锁器对基本轨及相邻尖轨进行锁定,更换道岔进行折返(若折返线为单渡线,工务和通号人员立即进行更换整修、调试恢复),并在当日非运行时间与通号人员共同对该组道岔进行全面检查、整修,工务人员驻站保障并加强添乘检查。

(2)正线(场段)道岔。

处理:接调度通知,立即启动《列车挤岔故障》应急预案,工务人员准备相关工机具、材料赶赴现场。工务人员到达指定地点车控室进行登记,征得行调同意后进入轨行区进行抢险,抢险以"先急后缓、先通后复"为原则。

按照工务负责人要求将列车退出故障道岔,由工务人员与通号人员共同确认道岔的伤损情况,然后对损坏部件进行更换并调试,最后利用钩锁器对正位基本轨及相邻尖轨进行锁定后放行列车,并在当日非运行时间与通号人员共同对该组道岔进行全面检查、整修。工务人员驻站保障并加强添乘检查。

5. 通号处置流程

接调度通知,立即启动《转辙设备故障现场处置方案》,运营期间发生故障后第一时间恢复行车,根据初步排查结果需进行快速抢修的,经行调批准开展抢修。若运营期间不进行处理,做好现场保障工作,待非运营期间再对故障设备进行故障处置。

抢修流程:

(1)准备抢修备件及工器具立即赶往现场。

(2)造成列车脱轨的,配合进行救援,待脱轨救援完成后,配合检查道岔工况,检查尖轨基本轨及外锁闭等外部环境,确认设备受损情况。

(3)检查转辙机内接点组、挤脱器、表示缺口等内部环境,确认设备受损情况。

(4)道岔工况恢复正常后进行转辙机故障处置。

故障二 胀轨跑道

(一)胀轨跑道简介

胀轨跑道通常发生在无缝线路中,无缝线路锁定后,当轨温在设计锁定轨温范围内,线路各部件状态良好,纵横向阻力远远大于钢轨温度应力时,轨道将保持稳定的状态;当温度应力不断增大,达到或超过扣件、接头、轨枕、道床等提供的纵横向阻力后,轨道就会在薄弱地段出现连续的碎弯变形,这一现象称为胀轨(见图5-2)。当温度应力达到某一临界点时,轨温稍有升高或稍受外力干扰时,轨道弯曲变形就会突然显著增大,导致轨道完全失稳,这一现象称为跑道。因此,胀轨是线路丧失稳定的过程,而跑道则是丧失稳定的结果。

线路爬行，轨缝挤瞎，是发生胀轨跑道的基本原因；线路上有硬弯轨，方向不良，是助长发生胀轨跑道的重要原因；在瞎缝地段，进行减弱或破坏线路稳定的养护工作，如扒开道床、起道、拆开接头或改道时，都容易直接造成胀轨跑道。现将各种原因归纳如下：

（1）轨道温度压力增大。

（2）道床横向阻力和轨道框架刚度降低。

（3）铺轨施工时锁定轨温偏低。

（4）低温焊复断缝。

（5）施工作业造成锁定轨温不明。

（6）违章作业。

（7）线路爬行。

（8）线路不平顺。

（9）各种附加力的影响。

图 5-2　胀轨跑道示意图

（二）胀轨跑道故障现象及影响

1. 故障现象

（1）胀轨：线路正常状态下，直线顺直、曲线圆顺，当出现线路方向连续较小碎弯（10 m 弦测量，矢度 10 mm 左右）时，为胀轨现象。

（2）跑道：线路出现严重胀轨而失稳，钢轨窜出道床或者与道床一起发生严重扭曲为跑道现象。

2. 故障影响

钢轨胀轨跑道导致轨道设备不能满足列车安全运行的要求，故障可能导致列车出现严重晃动、脱轨、倾覆等情况。

(三) 胀轨跑道故障处置流程

1. 乘务处置流程

(1) 发现胀轨或列车异常晃动应立即停车,并汇报行调/场调,在正线需做好临时停车广播。

(2) 根据行调/场调指令限速通过故障区域或区间疏散、清客。

2. 调度处置流程

(1) 行调在接收到司机线路沉降、晃动等异常运行状态报告后,根据专业要求限速,专业未明确限速要求时限速 25 km/h。维调通知专业现场察看。

(2) 正线发生胀轨故障时:

① 行调发布调度命令封锁故障区域。

② 维调发布抢修令、发布短信。

③ 行调组织故障抢修,确认现场抢修负责人、联系方式,跟进抢修进度。

④ 电调根据专业抢修需要组织对故障区域供电分区停电,联系现场专业挂地线。

⑤ 行调进行行车调整,向车站发布列车延误、行车调整信息。

⑥ 抢修完毕后,按专业要求限速,恢复正常行车组织。

(3) 车场发生胀轨故障时:

① 场调发布调度命令封锁故障区域。收发车作业期间,进行收发车作业调整并向行调汇报。

② 维调发布抢修令、发布短信。

③ 场调组织故障抢修,确认现场抢修负责人、联系方式,跟进抢修进度。

④ 电调根据专业抢修需要组织对故障区域供电分区停电,联系现场专业挂地线。

⑤ 行调进行行车调整,向车站发布列车延误、行车调整信息。

⑥ 抢修完毕后,按专业要求限速,恢复正常行车组织。

3. 站务处置流程

(1) 车站接行调故障通知后做好乘客解释、广播等乘客服务工作。

(2) 车站按行调命令做好区间疏散和列车清客工作。

(3) 若需启动公交接驳,根据《车站公交接驳专项应急预案》做好公交接驳工作。

(4) 接到行调恢复通车后,车站恢复正常行车、客运组织,并加强列车运行监控。

4. 工务处置流程

(1) 胀轨跑道矢量为 10 mm 左右时的处理流程:

① 接调度通知,立即启动《胀轨跑道故障应急预案》,工务人员准备相关工机具、材料赶赴现场。

② 工务人员到达指定地点车控室进行登记,征得行调同意后进入轨行区进行抢险,抢险以"先急后缓、先通后复"为原则。

③ 胀轨矢量为 10 mm 左右时，采用浇水降温法或干冰降温法降低钢轨温度，一般从胀轨范围以外两侧 50～100 m 开始，由两端向中间反复浇淋冷水或使用干冰喷雾降温，最好在钢轨上覆盖草袋或麻袋，轨温明显下降后，采取拨回线路、复拧扣件、夯拍道床等措施进行加强（曲线地段只能上挑不能下压），限速 5 km/h 放行列车，并派人驻站保障加强添乘检查。当轨温下降后，由工务人员视情况确认限速。

④ 在当日非运营时间，进行全面整治。

（2）胀轨矢量较大或出现跑道现象，碎石道床地段且地形条件允许的情况下的处理流程：

① 接调度通知，立即启动《胀轨跑道故障应急预案》，工务人员准备相关工机具、材料赶赴现场。

② 工务人员到达指定地点车控室进行登记，征得行调同意后进入轨行区进行抢险，抢险以"先急后缓、先通后复"为原则。

③ 胀轨矢量较大或出现跑道现象，碎石道床地段且地形条件允许的情况下，采用拨道法，从跑道处两端向中间拨成半径不少于 200 m 的反向曲线，夹直线不短于 10 m，双线地段拨后应满足线间距要求。拨道后限速 5 km/h 放行列车，并派人驻站保障加强添乘检查。

④ 并在当日非运营时间，进行全面整治。

（3）胀轨矢量较大或出现跑道现象，受地形条件限制时的处理流程：

① 接调度通知，立即启动《胀轨跑道故障应急预案》，工务人员准备相关工机具、材料赶赴现场。

② 工务人员到达指定地点车控室进行登记，征得行调同意后进入轨行区进行抢险，抢险以"先急后缓、先通后复"为原则。

③ 胀轨矢量较大或出现跑道现象，且受地形条件限制时，采用割轨恢复法，用乙炔割断钢轨，松开扣件释放应力，然后用夹板和急救器固定，限速 5 km/h；并派人驻站保障加强添乘检查。

④ 当轨温下降后，由工务人员视情况确认限速。

⑤ 并在当日非运营时间，进行全面整治。

5. 通号处置流程

（1）若胀轨引起道岔失表的，立即启动《转辙设备故障现场处置方案》，运营期间发生故障后第一时间恢复行车，根据初步排查结果需进行快速抢修的，经行调批准开展抢修。若运营期间不进行处理，做好现场保障工作，待非运营期间再对故障设备进行故障处置。

抢修流程：

① 立即赶往现场。

② 配合检查道岔工况，检查尖轨基本轨及外锁闭等外部环境，确认设备受损情况。

③ 检查转辙机安装装置情况、表示缺口等，确认设备参数变化情况，进行临时调整，无法调整达标时，停用道岔设备。

④ 道岔工况恢复正常后进行转辙机故障处置。

（2）若工务人员临时处理过程需拆除相应信号设备（如波导管、计轴磁头等），按对应设备故障现场处置方案进行处理，做好设备的拆除与恢复工作。

6. 供电处置流程

（1）确认故障区域接触网设备状态是否满足电客车正常运行。

（2）对于因电客车受电弓钻弓造成接触网受损的部件进行拆除或临时固定。若现场检查接触网设备无异常，则进行现场的值守保障。

（3）非运营时间配合工务专业做好钢轨接头处接续电缆的焊接工作，并做好接触网受损部件的更换恢复工作。

故障三　钢轨夹板断裂

（一）钢轨夹板简介

钢轨接头夹板又称鱼尾板，是钢轨接头的联结板（见图5-3）。夹板的作用是夹紧钢轨，使钢轨轨端不能横向及上下单独移动，每个钢轨接头有左、右两块夹板，通过拧紧夹板螺栓夹紧两端钢轨，因此，要求它有足够的强度和抗冲击能力，便于拆装和维修。

夹板的型式有很多，宁波地铁正线主要采用冻结接头夹板、鱼尾型夹板等，场（段）线主要采用减振夹板、鱼尾型夹板等。

图5-3　钢轨接头夹板

(二)钢轨夹板断裂故障现象及影响

1. 故障现象

(1)折断。

(2)中央裂纹(中间两螺栓孔范围内):正线及辅助线有裂纹;车辆段线异型夹板、减振夹板超过 5 mm,鱼尾型夹板超过 15 mm。

(3)其他部分裂纹发展到螺栓孔。

2. 故障影响

钢轨夹板断裂导致轨道设备不能满足列车安全运行的要求,故障可能导致列车出现限速、严重晃动、脱轨、倾覆等情况。

(三)故障处置流程

1. 调度处置流程

(1)行调在接收到司机线路沉降、晃动等异常运行状态报告后,根据专业要求限速,专业未明确限速要求时限速 25 km/h。维调通知专业现场察看。

(2)正线发生钢轨夹板断裂故障时:

① 行调发布调度命令封锁故障区域。

② 维调发布抢修令、发布短信。

③ 行调组织故障抢修,确认现场抢修负责人、联系方式,跟进抢修进度。

④ 行调进行行车调整,向车站发布列车延误、行车调整信息。

⑤ 抢修完毕后,按专业要求限速,恢复正常行车组织。

(3)车场发生钢轨夹板断裂故障时:

① 场调发布调度命令封锁故障区域。收发车作业期间,进行收发车作业调整并向行调汇报。

② 维调发布抢修令、发布短信。

③ 场调组织故障抢修,确认现场抢修负责人、联系方式,跟进抢修进度。

④ 行调进行行车调整,向车站发布列车延误、行车调整信息。

⑤ 抢修完毕后,按专业要求限速,恢复正常行车组织。

2. 站务处置流程

(1)车站接行调故障通知后做好乘客解释、广播等乘客服务工作。

(2)车站按行调命令做好区间疏散和列车清客工作。

(3)若需启动公交接驳,根据《车站公交接驳专项应急预案》做好公交接驳工作。

(4)接到行调恢复通车后,车站恢复正常行车、客运组织,并加强列车运行监控。

3. 乘务处置流程

（1）发现钢轨夹板断裂或列车异常晃动应立即停车，并汇报行调/场调，在正线需做好临时停车广播。

（2）根据行调/场调指令限速通过故障区域或区间疏散、清客。

4. 工务处置流程

1）钢轨夹板出现裂纹时

（1）接调度通知，立即启动《钢轨夹板断裂故障》现场处置方案，工务人员准备相关工机具、材料赶赴现场。

（2）工务人员到达指定地点车控室进行登记，征得行调同意后进入轨行区进行抢险，抢险以"先急后缓、先通后复"为原则。

（3）经工务人员确认，对于细小微裂纹暂不影响行车时，在运营结束后进行更换，工务人员在运营时段驻站保障并加强添乘检查，密切关注夹板变化。

2）钢轨夹板折断时

（1）接调度通知，立即启动《钢轨夹板断裂故障》现场处置方案，工务人员准备相关工机具、材料赶赴现场。

（2）工务人员到达指定地点车控室进行登记，征得行调同意后进入轨行区进行抢险，抢险以"先急后缓、先通后复"为原则。

（3）当夹板折断时，应立即组织更换。工务人员在运营时段驻站保障并加强添乘检查，密切关注夹板变化。

5. 供电处置流程

（1）确认故障区域接触网设备状态是否满足电客车正常运行。

（2）对于因电客车受电弓钻弓造成接触网受损的部件进行拆除或临时固定。若现场检查接触网设备无异常，则进行现场的值守保障。

（3）非运营时间做好接触网受损部件的更换恢复工作。

故障四　道岔滑床板断裂

（一）道岔滑床板简介

道岔是一种使列车从一组轨道转到另一组轨道上去的装置，滑床板在其上支承道岔尖轨。滑床板也是轨下垫板的一种，它是和基本轨固定在一起同时延伸到尖轨底下发挥作用的（见图5-4）。

（三）故障处置流程

1. 乘务处置流程

（1）发现道岔滑床板断裂或列车异常晃动应立即停车，并汇报行调/场调，在正线需做好临时停车广播。

（2）根据行调/场调指令限速通过故障区域或区间疏散、清客。

2. 调度处置流程

（1）行调在接收到司机线路沉降、晃动等异常运行状态报告后，根据专业要求限速，专业未明确限速要求时限速 25 km/h。维调通知人员现场察看。

（2）正线发生道岔滑床板断裂故障时：

① 行调发布调度命令封锁故障区域。

② 维调发布抢修令、发布短信。

③ 行调组织故障抢修，确认现场抢修负责人、联系方式，跟进抢修进度。

④ 行调进行行车调整，向车站发布列车延误、行车调整信息。

⑤ 抢修完毕后，按专业要求限速，恢复正常行车组织。

（3）车场发生道岔滑床板断裂故障时：

① 场调发布调度命令封锁故障区域。收发车作业期间进行收发车作业调整并向行调汇报。

② 维调发布抢修令、发布短信。

③ 场调组织故障抢修，确认现场抢修负责人、联系方式，跟进抢修进度。

④ 行调进行行车调整，向车站发布列车延误、行车调整信息。

⑤ 抢修完毕后，按专业要求限速，恢复正常行车组织。

3. 站务处置流程

（1）车站接行调故障通知后做好乘客解释、广播等乘客服务工作。

（2）车站按行调命令做好区间疏散和列车清客工作。

（3）接到行调恢复通车后，车站恢复正常行车、客运组织，并加强列车运行监控。

4. 工务处置流程

1）道岔滑床出现板裂纹时

（1）接调度通知，立即启动《道岔滑床板断裂故障现场处置方案》，工务人员准备相关工机具、材料赶赴现场。

（2）到达指定地点车控室进行登记，征得行调同意后进入轨行区进行抢险，抢险以"先急后缓、先通后复"为原则。

图 5-4 道岔滑床板示意图

(二)道岔滑床板断裂故障现象及影响

1. 故障现象

道岔滑床板裂纹、折断,滑床台与滑床板底板脱焊分离起不到支承道岔尖轨的作用(见图 5-5)。

2. 故障影响

故障可能导致道岔失表,列车限速、严重晃动、脱轨、倾覆等情况。

图 5-5 道岔滑床板断裂示意图

（3）对于细小微裂纹不影响行车时，在运营结束后进行更换，工务人员在运营时段驻站保障并加强添乘检查，密切关注滑床板变化。

2）道岔滑床板脱焊分离或折断时

（1）接调度通知，立即启动《道岔滑床板断裂故障现场处置方案》，工务人员准备相关工机具、材料赶赴现场。

（2）工务人员到达指定地点车控室进行登记，征得行调同意后进入轨行区进行抢险，抢险以"先急后缓、先通后复"为原则。

（3）当滑床板脱焊分离或折断时，抑或影响道岔转换时，应立即组织更换。工务人员在运营时段驻站保障并加强添乘检查，密切关注滑床板变化。

5. 通号处置流程

若滑床板断裂引起道岔失表的，立即启动《转辙设备故障现场处置方案》，运营期间发生故障后第一时间恢复行车，根据初步排查结果能进行快速抢修的，经行调批准开展抢修。若运营期间不进行处理，做好现场保障工作，待非运营期间再对故障设备进行故障处置。

抢修流程：

（1）准备抢修备件及工器具立即赶往现场。

（2）配合检查道岔工况，检查尖轨基本轨及外锁闭等外部环境，确认设备受损情况。

（3）检查转辙机内接点组、表示缺口等内部环境，确认设备受损情况。

（4）待滑床板断裂故障恢复后进行转辙机故障处置。

故障五　道床变形

（一）道床简介

道床是轨道的重要组成部分，是轨道框架的基础。主要作用是支撑轨枕，把轨枕上部的巨大荷载均匀地传递给路基或桥隧，并固定轨枕的位置，阻止轨枕纵向或横向移动。

道床分为有砟道床、普通混凝土整体道床（长枕埋入式整体道床、承轨台式道床）、减振道床（钢弹簧浮置板、橡胶弹簧浮置板、点支撑橡胶浮置板、隔离式减振垫浮置板、纵向（梯形）轨枕减振道床）。

道床变形指在运营过程中随列车荷载的反复作用或地质条件的突变而产生的道床下沉或隆起（见图5-6）。

图 5-6 道床变形示意图

（二）道床变形故障现象及影响

1. 故障现象

道床局部出现下沉或者隆起，造成轨面高低局部不平顺现象。

2. 故障影响

道床变形致使轨道设备不能满足列车安全运行的要求，同时影响接触网、信号等重要行车设备，并可能导致列车脱轨、挤岔、倾覆等情况。

（三）故障处置流程

1. 调度处置流程

1）正线发生道床变形故障时

（1）行调在接收到司机报告后，发布调度命令封锁故障区域。

（2）维调发布抢修令、发布短信。

（3）行调组织故障抢修，确认现场抢修负责人、联系方式，跟进抢修进度。

（4）电调根据专业抢修需要组织对故障区域供电分区停电，联系现场专业挂地线。

（5）行调进行行车调整，向车站发布列车延误、行车调整信息。

（6）抢修完毕后，按专业要求限速，恢复正常行车组织。

2）车场发生道床变形故障时

（1）场调发布调度命令封锁故障区域。收发车作业期间，进行收发车作业调整并向行调汇报。

（2）维调发布抢修令、发布短信。

（3）场调组织故障抢修，确认现场抢修负责人、联系方式，跟进抢修进度。

（4）电调根据专业抢修需要组织对故障区域供电分区停电，联系现场专业挂地线。

（5）行调进行行车调整，向车站发布列车延误、行车调整信息。

（6）抢修完毕后，按专业要求限速，恢复正常行车组织。

2. 站务处置流程

（1）车站接行调故障通知后做好乘客解释、广播等乘客服务工作。

（2）车站按行调命令做好区间疏散和列车清客工作。

（3）若需启动公交接驳，根据《车站公交接驳专项应急预案》做好公交接驳工作。

（4）接到行调恢复通车后，车站恢复正常行车、客运组织，并加强列车运行监控。

3. 乘务处置流程

（1）发现道床下沉或者隆起应立即停车，并汇报行调/场调，在正线需做好临时停车广播。

（2）正线根据行调命令限速通过或区间疏散、清客。

4. 工务处置流程

1）整体道床发生变形时

（1）接调度通知，立即启动《道床变形故障专项应急预案》，工务人员准备相关工机具、材料赶赴现场。

（2）工务人员到达指定地点车控室进行登记，征得行调同意后进入轨行区进行抢险，抢险以"先急后缓、先通后复"为原则。

（3）经现场确认后向维调汇报道床变形情况。

（4）当变形量在 40 mm 以内时，可通过扣件调高垫板进行顺坡处理，由工务人员视情况确认限速，工务人员在运营时段驻站保障并加强添乘检查，密切关注线路情况变化。

（5）当变形量超过 40 mm 时，应中断该区间的运营进行临时抢修，在进行道床变形应急处理后，故障区段由工务人员视情况确认限速，工务人员在运营时段驻站保障并加强添乘检查，密切关注线路情况变化。

（6）并在当日非运营时间，进行全面整治。

2）碎石道床发生变形时

（1）接调度通知，立即启动《道床变形故障专项应急预案》，工务人员准备相关工机具、材料赶赴现场。

（2）工务人员到达指定地点车控室进行登记，征得行调同意后进入轨行区进行抢险，抢险以"先急后缓、先通后复"为原则。

（3）经现场确认后向维调汇报道床变形情况。

（4）当碎石道床下沉时，进行补砟顺坡处理，限速放行列车。工务人员在运营时段驻站保障并加强添乘检查，密切关注线路情况变化。

（5）当碎石道床隆起时，进行降砟顺坡处理，限速放行列车。工务人员在运营时段驻站保障并加强添乘检查，密切关注线路情况变化。

（6）并在当日非运营时间，进行全面整治。

5. 通号处置流程

（1）确认故障区域列车及轨旁信号设备运行情况。

（2）若道床变形引起挤岔、道岔失表或设备参数状态变化的，立即启动相关设备应急处置方案，运营期间发生故障后第一时间恢复行车，根据初步排查结果需进行快速抢修的，经行调批准开展抢修。若运营期间不进行处理，做好现场保障工作，待非运营期间再对故障设备进行故障处置。

6. 供电处置流程

（1）确认故障区域接触网设备状态是否满足电客车正常运行。

（2）对于因电客车受电弓钻弓造成接触网受损的部件进行拆除或临时固定。若现场检查接触网设备无异常，则进行现场的值守保障。

（3）非运营时间做好接触网受损部件的更换恢复工作。

7. 机自处置流程

（1）确认故障区域机自设备运行情况。

（2）根据初步排查结果需进行快速抢修的，经行调批准开展抢修。若运营期间不进行处理，做好现场保障工作，待非运营期间再对故障设备进行处置。